安倍総理守護霊の弁明

大川隆法
Ryuho Okawa

まえがき

北京のＡＰＥＣで、日中首脳会談という最大の緊張舞台の時機に、安倍晋三総理の守護霊が、私の元を再び訪れ、公開霊言で「弁明」したいと申し出て来られた。これをいぶかしがる人も多かったが、あるいは習近平《しゅうきんぺい》国家主席と二年半ぶりに日中トップ会談をするにあたって、安倍首相は神仏のご加護《かご》があるように祈っておられたのかもしれない。結果は十分に実りのある会談にはならなかったようだ。本心では伊豆半島沖に現れた二百隻を超える中国魚船団の密漁にクレームぐらいつけたかったことだろう。中国の脅威は、日増しに現実感を増し、日本政府に朝貢《ちょうこう》外交を強要しているかのようだ。

「本弁明」にあるように、幸福の科学グループの支援を取りつけたくば、行政の長として、毅然《きぜん》とした態度で、文科大臣の行政処分を取り消させることだ。宗教を大切にする安倍内閣に、パク・クネ並みの私憤《しふん》行政処分があってよいはずがない。

二〇一四年　十一月十一日

幸福《こうふく》の科学《かがく》グループ創始者兼総裁《そうししゃけんそうさい》　大川隆法《おおかわりゅうほう》

安倍総理守護霊の弁明　目次

安倍《あべ》総理守護霊《しゅごれい》の弁明

二〇一四年十一月十日　収録
東京都・幸福の科学総合本部にて

3　下村博文《はくぶん》文部科学大臣への評価　46

「霊言現象《れいげんげんしょう》」とは、あの世の霊存在の言葉を語り下ろす現象のことをいう。これは高度な悟《さと》りを開いた者に特有のものであり、「霊媒現象《れいばいげんしょう》」（トランス状態になって意識を失い、霊が一方的にしゃべる現象）とは異なる。外国人霊の霊言の場合には、霊言現象を行う者の言語中枢《ちゅうすう》から、必要な言葉を選び出し、日本語で語ることも可能である。

また、人間の魂《たましい》は原則として六人のグループからなり、あの世に残っている「魂の兄弟」の一人が守護霊《しゅごれい》を務めている。つまり、守護霊は、実は自分自身の魂の一部である。したがって、「守護霊の霊言」とは、いわば本人の潜在《せんざい》意識にアクセスしたものであり、その内容は、その人が潜在意識で考えていること（本心）と考えてよい。

なお、「霊言」は、あくまでも霊人の意見であり、幸福の科学グループとしての見解と矛盾《むじゅん》する内容を含《ふく》む場合がある点、付記しておきたい。

安倍《あべ》総理守護霊《しゅごれい》の弁明

二〇一四年十一月十日　収録

東京都・幸福の科学総合本部にて

安倍晋三《あべしんぞう》（一九五四〜）

政治家（衆議院議員）、自由民主党総裁（第二十一代および第二十五代）。祖父は元首相の岸信介《きしのぶすけ》、父は元外相の安倍晋太郎《しんたろう》。成蹊《せいけい》大学法学部卒業。一九九三年に衆議院議員に初当選。二〇〇六年九月、内閣総理大臣（第90代）に就任し、わずか一年で辞任したが、二〇一二年十二月、再び内閣総理大臣（第96代）に就任した。

質問者　※質問順

木村智重《きむらともしげ》（学校法人・幸福の科学学園理事長）

酒井太守《さかいたいしゅ》（幸福の科学宗務《しゅうむ》本部担当理事長特別補佐《ほさ》）

里村英一《さとむらえいいち》（幸福の科学専務理事〔広報・マーケティング企画《きかく》担当〕）

［役職は収録時点のもの］

1　幸福の科学大学不認可をめぐり、安倍《あべ》総理の守護霊《しゅごれい》を招霊《しょうれい》する

「弁明させてほしい」と訴《うった》えてきた安倍《あべ》総理守護霊《しゅごれい》

大川隆法　今日（二〇一四年十一月十日）は、特に霊言《れいげん》収録の予定はなかったので、月曜日ぐらいは職員に休みをあげようと思い、朝から仕事をしないように努力していたのです（笑）。

ところが、外に出ようとしても、どうしても出られず、「誰《だれ》か、止めに来ているのかな」ということで、『正心法語《しょうしんほうご》』（幸福の科学の根本経典《きょうてん》）のＣＤをかけたところ、「安倍晋三《あべしんぞう》（守護霊《しゅごれい》）です」と、こう来たわけです。

今は、北京《ペキン》会談が先ほど終わったところで、お忙《いそが》しいはずなのですが（注。二〇

一四年十一月十日、安倍晋三首相は、中国・北京で、中国の習近平《しゅうきんぺい》国家主席と初会談を行った)、選挙対策というのは、海外も国内も両方あるのかもしれません。

ただ、ちょうど、女性の幹部たちがいたので、安倍さんの守護霊と少し会話をしたのですが、「政治家の言うことなど信じられないから、もう結構です」と言って断りました。

実は、断ったのは二回目になります。以前、大学審議会《しんぎかい》の幸福の科学大学に対する不認可の通知が出たあとに、一回(守護霊が)来ており、そのときには、「平《ひら》にご容赦《ようしゃ》を」と言ってきたのですが、こちらは、「聞く耳を持たない」ということで〝キック〟してしまったのです。

ところが、また今、来ているということです。

おそらく、当会が、そうとう広告等を打つなど、いろいろな動きをしていることは耳に入っているのでしょうが、それ以外の考えもあるのかもしれません。

安倍さんの守護霊は、「『政治家の意見だから、もう信じない』というのは結構ですけれども、言うだけでも言わせてください。とにかく弁明はさせてください。文科大臣の考えと自分の考えが一緒《いっしょ》かどうかだけは、はっきりしておきたいのです。『私の考えは、こういう考えだ』ということは述べておきます。彼（下村《しもむら》文科大臣）の『閣内不統一』と言われるかどうかは、ちょっと分かりませんけれども、とにかく、『私の考えは、こういう考えだ』ということは述べておきます。彼（下村文科大臣）の個人的な問題と、政権全員の合意の意思というのとが一緒かどうかについて、嘘《うそ》だと思うなら、どうぞ批判して、引っ剝《ぱ》がしてください。とにかく、言うだけでも言わせてください。何もなしで、『いきなり合戦《かっせん》』というのは、ちょっとないでしょう?」ということを言っていました。

そういうことであれば、聞くだけ聞いてみましょう。どうするかは分かりませんけれども、当会のほうに動きがあるのを感じているのは、そのとおりなのだと思います。

また、「あなたの部下の政治家にも、連絡《れんらく》が取れないではないですか」と指摘《してき》したところ、「いやあ、連絡するときには、文科大臣をどうするか、決めてからでないと、それはできないのです。そこまで覚悟《かくご》が要《い》るので」というようなことを言っていました。

安倍総理守護霊を招霊《しょうれい》し、その本心を訊《き》く

大川隆法　では、とりあえず、お呼びします。

今、習近平と会談して、お疲《つか》れになっているのでしょうが、「どんな成果があったのか、なかったのか」「会っただけで終わりだったのか、前進したのか」、あるいは、「なぜ、今、会ったのか」ということも、分かりにくいところはあるのですけれども、この際ですから、いろいろと突《つ》っ込《こ》んでみましょう。

また、この霊言《れいげん》をどう使うかは、また別途《べっと》の考えかと思います。もちろん、安倍さんの守護霊は、結論的に有利な方向に持っていこうとするとは思いますけれども、それを、こちらがどの程度信じるかは、別でしょう。

なお、安倍晋三さんについての説明は要らないと思いますので、直接行きます。

向こうは、「（質問者には）いちばんきつい人を出してくださって結構です。どうぞ、いちばん腹が立ってる人を出してください。弁明しますから」ということでしたが、このメンバーで十分ですか。

木村　大丈夫《だいじょうぶ》です。

大川隆法　大丈夫ですか。〝毛が抜《ぬ》ける〟ぐらい、腹が立ってますか？

木村　（笑）そうですね。

大川隆法　ああ、そうですか。

それでは、休日のところ、本当にご苦労ですが、向こうも、習近平と会談しているなかにもかかわらず、こちらとの面談を交渉《こうしょう》しに来ていたぐらいですので、必死であることは間違《まちが》いないでしょう。

どういう考えなのかを訊《き》いてみて、「内閣不統一」ということであれば、それはそれなりに、また何らかの追及《ついきゅう》は始まるかと思います。

ともかく、どうであるか訊いてみましょう。

酒井　お願いいたします。

大川隆法　はい（手を一回叩《たた》く）。

それでは、第九十六代内閣総理大臣、安倍晋三総理の守護霊を幸福の科学総合本部にお呼びいたしまして、現在、当会に関係して懸案《けんあん》の事項《じこう》がございますので、ご本心について忌憚《きたん》のないところをお聞かせください。

それについて、どのように考え、どのように対策するかは、別途、当方で考えさせていただきますけれども、とりあえず、ご意見を言いたいとのことでありますので、私どもも休日返上で集まっております。

どうか、なるべく隠《かく》し立てや騙《だま》しはないかたちで、本心で語ってくださいますよう、心の底よりお願い申し上げます。

（約十五秒間の沈黙《ちんもく》）

2　幸福の科学大学不認可に対する「弁明」が始まる

いきなり「お詫《わ》び」を始める安倍総理守護霊

安倍晋三守護霊　（机に両手をつき、深々と頭を下げる）このたびは、私の監督《かんとく》不行き届きで、本当に申し訳ございませんでした。木村学園理事長以下のみなさまがたに、たいへんご迷惑《めいわく》をおかけいたしまして、心から申し訳ないと思っております。

夏以降、外交でとても忙《いそが》しくて、（下村《しもむら》大臣と）十分に話し合うことができなかったのですが、何とか善処《ぜんしょ》してくれるものだというふうには期待しておったのでございます。ただ、最終結論が出て、その後《ご》のみなさまがたのご反応をいろいろ伝え聞くにつけましても、やはり、内閣全体の問題になりますので、私のほうとしても、「自分の考えはここである」ということを、みなさまがたに対して述べて、大臣の判断と違《ちが》うところ、役人の判断と違うところがあるかないかについて、明確にしておきたいと考えております。

まずは、いろいろとご迷惑をおかけしたことと、それから、今まで長らくご支援《しえん》、ご指導を賜《たまわ》っておるにもかかわらず、このたび、非常に、みなさまがたをご心労させる結果になってしまったことを、内閣を束《たば》ねる者として、本当に能力が不十分であり、まことに申し訳なかったと思っております。申し訳ございませんでした。

酒井　初めにお訊《き》きしますが、なぜ、今日、こんな忙しいときに出てこられたのですか。

安倍晋三守護霊　いや、もう、国難ですから。「中国」と「幸福の科学」とは、同じぐらいの〝重さ〟がありますので。

酒井　うん？　「中国」と「幸福の科学」とは同じぐらいの〝重さ〟がある？

安倍晋三守護霊　はい。

酒井　では、なぜあなたは、こちらに赴《おもむ》かなかったのですか。

安倍晋三守護霊　いや、中国だけ対策を打っても、幸福の科学の対策が打てなければ……。

酒井　あなたの側近《そっきん》から、レターぐらい来てもいいんじゃないですか。

安倍晋三守護霊　え？

酒井　こちらの理事長は、あなたにレターを出してますよね。

安倍晋三守護霊　ええ。

酒井　中国にはレターを出して友好を結んでいるのに、今のあなたの言葉は本気なんですか。

安倍晋三守護霊　ええ、まあ、それは、国対国ですので、それは……。

酒井　では、「中国のほうが重い」ということですよね。

安倍晋三守護霊　いや、そ、そう……。

酒井　同じではないですよ。「中国と幸福の科学は同じ」と、今あなたはおっしゃいましたけど、嘘《うそ》を言ってはいけませんよ。

安倍晋三守護霊　いやあ。

酒井　行動に表れるんですよ。

安倍晋三守護霊　まあ、そうは申しましても、やっぱり……。

酒井　嘘でしょ？　今の。

安倍晋三守護霊　あの……、やっぱり、〝表〟の世界と、そうでない世界とが……。

酒井　あなたは、〝表裏《おもてうら》〟を持っている、「二面性を持っている」っていうことでいいですね？

安倍晋三守護霊　少なくとも、政治と宗教の関係は、あの……、普通《ふつう》は、〝表〟の関係では付き合いませんので。

「下村《しもむら》文科大臣の責任」をほのめかす真意とは

里村　まあ、中国の主席と会ってもよろしいですけれども、中国と幸福の科学が同じぐらいの重さだと言うのであれば、幸福の科学大学について「不認可」ではなく「認可」という決定が文部科学大臣から出ていれば、十分につながったはずだと思います。いかがでしょうか。

安倍晋三守護霊　うーん、まあ、あなたがたからは、いろいろご要請《ようせい》は来ていたと思いますけど、最終的に文部科学大臣がどういう判断をするかっていう、まあ、行政判断を見なければ、私どものほうとしては、それを、どう判断するかについての考えが出せませんので。（大臣の）専権事項《じこう》だと言われたら、それはそのとおりで、それをどう捉《とら》えるかっていうことは、これからの判断なんですけどもね。

里村　教科書どおりのお答えではあるのですけれども、そうは言っても、政権の、あるいはこれからの日本の未来を左右する大事な問題に関するわけです。行政の長《ちょう》の専権事項の判断ではあるけれども、当然、その任命権者として、あるいは、内閣の統率者として、総理のご責任というのはございます。

これについて、どうやら、「下村《しもむら》文科大臣が、言うことをきかなかった」とおっしゃっているようなのですが、それだけでは済まないと考えます。いかがでしょうか。

安倍晋三守護霊　まあ、大学は、「認可された」のと、「されなかった」のと合わせて、かなりの数があったように思いますけれども、それぞれの事情について、私のほうが、全部の書類に目を通すところまではいっておりませんので。

下村さんからは、ほんの一、二分、簡単な口頭での、事前の連絡《れんらく》だけは入りましたですけれども、ほぼ、「結論がこうなりました」ということで、その内容について、「どういう理由によってそうなったか」までは、詳《くわ》しく議論するところまで行っておりません。

酒井　ただ、その前の十月二十七日に、あなたは下村大臣と三十分間会ってますよね。

安倍晋三守護霊　ええ。

酒井　そのあとの二十九日に、答申が出ましたから。

安倍晋三守護霊　あの方が三十分で意見を変えるとお思いですか?

酒井　いや、ただ三十分は話せたはずですよね。

安倍晋三守護霊　ええ。

酒井　その説明はなかったのですか。

安倍晋三守護霊　幸福の科学の話だけで、三十分全部を使ったと思いますか。

酒井　使わなかった、と。じゃあ、あなたは優先順位として、そこは聞かなかったわけですね？

安倍晋三守護霊　いやあ、それは、話は出ましたけども、文科省が抱《かか》えている問題はたくさんありますから。いろんなものを三十分で全部報告するのですから。

「安倍総理本人の責任」はどうなのか？

木村　不認可の通知が出た翌日に、大学設置審議会《しんぎかい》の会長で桜美林《おうびりん》学園の理事長をしている佐藤東洋士《さとうとよし》氏の守護霊霊言《れいげん》というものを執《と》り行いました（『大学設置審議会インサイド・レポート――大学設置分科会会長スピリチュアル・インタビュー――』〔幸福の科学出版刊〕参照）。

安倍晋三守護霊　ええ。

木村　そのなかで、佐藤東洋士さんの守護霊は、「これは、下村文科大臣の判断だけではなくて、その裏に、自民党の執行部《しっこうぶ》につながっているものがある」と。そして明確に、〝大御所《おおごしょ》〟というかたちの表現で、「安倍首相の、不認可に対する賛同」といいますか、「考え方の支援があった」というようなことを述べているのです。そのへんはいかがでしょうか。

安倍晋三守護霊　うーん……、まあ、今、いろいろ批判されていることは、伝え聞いてはおるんでございます。

私が、「利用するだけ利用して捨てていく人間だ」っていうふうな感じの批判はなされてるらしいっていうことを、聞いてるんですけども。

まあ、決してそういうふうに不義理をしたいと思っているわけではないんですけども、いかんせん能力が十分にないので、何か一つ二つやっていることがあると、ほかのことがフォローできないことがあって、そのフォローできないでいた部分を、

「裏切られた」と思って怒《おこ》られる方も、ときどき年に何人か、何回かは出てくることはございます。

里村　たいへん謙遜《けんそん》したお言葉を使われていますけれども、もし総理が、ご自分の能力の限界をお感じであればこそ、いろいろな外部のアドバイザーなり、そういう方の意見を必要とするお立場かと思います。

安倍晋三守護霊　まあ、外部のアドバイザーというか、この大学関連の案件ぐらいは、下村大臣が、私の気持ちを体《たい》して、彼の力量の範囲《はんい》内で上手にまとめ上げてほしかったなというふうに思っています。

酒井　もし、そうであれば、その話を二十七日かいつかに聞かれたときに、いったん、「待った」をかけてもよかったんじゃないんですか。「ちょっと待ってくれ」と。

安倍晋三守護霊　うーん……。

酒井　なぜ、そこは流しちゃったんですか？

安倍晋三守護霊　まあ、そう言われましても、そこまで入るんでしたら、やっぱり、何回かの折衝《せっしょう》をしなければいけなくなる……。

酒井　いや、だけど、一日ぐらい考える時間はありましたよね？　あるんじゃないですか？　あなたの側近だって、文科省のこの経緯《けいい》はよくご存じだと思いますよ。そして、総理のほうにも伝わっていたはずでございますけども。

この関係のことは、その方に一言《ひとこと》、言えば、それで……。

安倍晋三守護霊　うーん……。だから、「審議会が専門的に議論して、こういうふうに難航して、難しい」という報告は、受けておりましたですけども……。

酒井　「審議会が厳密な審査をした」というのは、あなたは、「正しい」と言うわけですね？

安倍晋三守護霊　いえいえ。まあ、そういうふうな報告を受けては……。

酒井　その報告を、あなたは信じたわけですか？

安倍晋三守護霊　いや、信じたわけじゃありませんけども、政府は、いろいろな審議会を、ものすごくたくさん抱えておりますので、それを全部、総理大臣が再審査し直していくっていうのは、そう簡単にできることではありませんので……。

酒井　まあ、あなたは〝霊〟ですから分かると思うんですが、審議会の審議は厳密になされたんでしょうか。

安倍晋三守護霊　それは、分かりません。みんなが納得《なっとく》してくだされば、なされたんだろうし、納得しないいんだったら、されてないということだと思います。

酒井　どちらだと思いますか？

安倍晋三守護霊　うーん、幸福の科学さんが、おとなしく下がるというふうに、下村大臣が考えていたとしたら、「読みとしては甘《あま》かったのかなあ」というふうには思っております。

大学設置分科会、学校法人分科会との「五十八回」ものやり取り

里村　今回の不認可について、審議会の答申、そして、それを受けての文科省の決定に対して、なぜ納得できないか、ぜひ、木村学園理事長のほうからお願いします。

木村　ご存じのとおり、われわれは文科省と、この二年半以上にわたって、事前のものと、申請書を提出して以降のものを含《ふく》めて、五十八回もの事務相談や面接審査を行っているんですよ。

　五十八回です。

安倍晋三守護霊　ああ、そうですか。

木村　これは、すさまじい数ですよ。

そのように、ずっとやり取りをしておりましたし、その五十八回のうち、五回は、大学設置分科会、学校法人分科会との直接の面接審査でございました。

安倍晋三守護霊　はい。

木村　そのなかで最初から最後まで、「霊言」について触れられたことは一回もないんですよ。

安倍晋三守護霊　ああ、そうですか。

木村　五十八回の、そして重大な五回の面接審査において、霊言について触れられたことは一度もないんです。まず、そういう事実があります。

ところが、今回、（最終の答申で）一つだけ残った是正《ぜせい》意見が、「霊言というものを根底に置いた教育課程は認められない」というものだったんです。

安倍晋三守護霊　うん。

木村　ただ、それまで、霊言について、こういう意見が出たことは一回もなく、最後に突然、「霊言が出ているから駄目だ」と言ってきたんですね。

安倍晋三守護霊　たぶん、その五十何回かの面談の間は、「それに口を出すことは信教の自由を侵害《しんがい》する」というふうに、みんなも理解してたんではないかと思います。

里村　総理がですか？

安倍晋三守護霊　いやいや、審議会のみなさんも、そういうふうに理解してたんだと思います。

木村　では、「最後に、この理由を付けてきた」というのは、どういった意図なんですか。

安倍晋三守護霊　いや、それは、まあ、〝下村さんの意地〟だと思います。

木村　ですよね。

安倍晋三守護霊　はい。

「不認可」の不当性を訴《うった》える幸福の科学学園理事長

木村　これについては、きちっと公《おおやけ》にしておかなくてはいけないと思いますので、もう一つ言わせていただければ……。

安倍晋三守護霊　はい。はい。

木村　当会は、一回目、二回目、三回目と、申請書を三回、提出いたしました。

安倍晋三守護霊　はい。はい。はい。

木村　申請書として、三月末の最初の申請、補正申請、再補正申請と三回、提出しましたが、その申請書の本文には、「霊言集」という言葉、あるいは、「霊言」という言葉は一切《いっさい》、ありません。

これはなぜかというと、当会のなかでは、「理論書」と「霊言集」というものがありまして、「理論書」というのは、大川総裁の考え方を反映したものであるけれども、「霊言集」というのは、ご存じのとおり、さまざまな霊人《れいじん》が、さまざまな自分自身の意見を言っているものだからです。

つまり、大学で教える内容は、大川総裁の教義、すなわち、ドクトリンを弟子《でし》がディシプリン（学問）として、キチッと体系づけたものであるわけです。また、その教育課程の根底にあるものは「霊言集」ではありません。

踏《ふ》み込《こ》んで言えば、われわれは、「人間幸福学部」「経営成功学部」「未来産業学部」の三学部で申請いたしましたけれども、それぞれ、一般《いっぱん》の、既存《きぞん》の学問体系に沿ったかたちで申請しております。

安倍晋三守護霊　はい。

木村　すなわち、「学士・人文学」「学士・経営学」「学士・工学」というかたちで、既存の学問体系に合ったかたちで申請しておりまして、「その部分には、今回、一切、是正意見が付かなかった」と伺《うかが》っています。

安倍晋三守護霊　はい。

木村　ですから、われわれが三回目に出した再補正申請の内容については、「少なくとも、是正意見が、そうした『霊言集』ということ以外には、一切付かず、十分、認められてもいい内容まで引き上げられてきた」ということを、今般、大学設置室長から、十月三十一日に伺いました。

そうであるならば、「既存の学問にもきちんと則《のっと》り、配慮《はいりょ》してつくられたカリキュラムを、あたかも、すべて霊言しかないようなかたちで捉えて、霊言を根底とした教育課程は認められない」というのは、非常に不当だと思います。

しかも、卒業単位が百二十四単位ありますけれども、指摘《してき》のあった自校科目の「創立者の精神を学ぶⅠ＆Ⅱ」は、二科目で、わずか四単位のみです。

通常の大学であれば、「自校科目」というものがありますが、特に、私学の特性・独自性を表す「建学の精神」や「創立者の精神」を学ぶ科目において、それも、その科目の内容を示した本文ではなくて、参考書籍《しょせき》にさせていただいている大川総裁の『幸福の科学大学創立者の精神を学ぶⅠ（概論《がいろん》）』『幸福の科学大学創立者の精神を学ぶⅡ（概論）』（共に幸福の科学出版刊）のなかに、霊言に対する言及《げんきゅう》があっただけなのです。

この『創立者の精神を学ぶⅠ（概論）』『創立者の精神を学ぶⅡ（概論）』という経典《きょうてん》は、「理論書」であって、「霊言集」ではありません。「霊言」ではないのです。

それなのに、わざわざ、「そこから『霊言』という言葉を引っ張り出してきて、不認可の理由に据《す》えている」ということは、まったく最初から、結論を「不認可」

とした上で、「霊言」というものを理由として〝後付《あとづ》け〟した。はっきり言えば、〝いちゃもん〟としか、われわれには思えないようなことを理由として、その結論を示してきたわけです。

また、卒業単位には認められない自由科目として、僧職者《そうしょくしゃ》養成コースを、他の宗教系の大学と同じように設《もう》けましたが、これも同じ理由で全否定してこられました。

この私の憤《いきどお》りに対してのお答えはいかがでしょうか。

安倍晋三守護霊　ああ、お気持ちはよく分かります。

3 下村博文《しもむらはくぶん》文部科学大臣への評価

安倍総理守護霊が考える、「幸福の科学大学」不認可の理由

安倍晋三守護霊　たぶん、下村《しもむら》さんのお考えは、最初は、テクニカル（技術的）な理由で拒否《きょひ》したかったんだろうと思うんです。「テクニカルな理由で、要件を満たさないために、誰《だれ》の主観とも関係なく、不認可にしたかった」という考え方だったんだと思うんです。

（あなたがたは）そのテクニカルなところを乗り越《こ》えてこられたので、「最後に、とうとう、本心が出てきた」というところだろうと思うんですね。

だから、はっきり言えば、これは、もう本当は、法律上やそうした手続き上の問題ではなかったのではないかと思っておりまして……。

里村　それは、もう……。

安倍晋三守護霊　ええ。はっきり言えば、そういう書類とは別途《べっと》、「『下村文科大臣の霊言《れいげん》』（『文部科学大臣・下村博文《はくぶん》守護霊インタビュー』『文部科学大臣・下村博文守護霊インタビュー②』〔共に幸福の科学出版刊〕参照）に関しましては、一部、行きすぎたり、失礼なところがあったりした点について、私どもも、今後、態度をよく考えたいと思います」みたいな、詫《わ》び証文《しょうもん》に似たものでも、ちょっと一枚、入っておれば、たぶん、何とか、つじつまが合ったのかなという気はしています。

里村　そのお考えですと、例えば、「『下村文科大臣の守護霊霊言』が出たことに対して、非常に、下村文科大臣が不快に思った」と、そのようなことがあったと……。

安倍晋三守護霊　でしょうねえ。まあ、自民党の代議士で、あれだけ悪く言われた人はほかにいませんので、そら、そうでしょうねえ（苦笑）。

里村　ただ、あれは、ご本人の守護霊の発言でございまして、私たちは、すべて、「万機公論《ばんきこうろん》に決すべし」と考えておりますので、公《おおやけ》にいたしますけれども。

安倍晋三守護霊　うーん。ですから、政治家として、未成熟なところがあるんだと思うんですよ。だから、何て言うか、驕《おご》りはあると思うんです。

許認可行政の権限を持っている以上、「最終的に、決裁権限を持っている者に対して、悪口《わるくち》を言って、それが通る」というのは、会社だってないですから、そんなことは、「さすがに、そこまではすまい」という油断が、たぶん彼にはあったんだと思います。

それで、（守護霊が）本音をしゃべってしまったんだと思うんですが、政治家っていうのは、そういう、気を許したときに、足をすくわれることが多いんです。まだ、そこまで、政治家として、重要な立場での〝剣《けん》を交える〟ようなところの場数《ばかず》が、十分に踏《ふ》めてなかったのかなあという感じはしていますね。

だから、油断したんだと思います。

下村《しもむら》文科大臣の判断は「憲法違反《いはん》」と言える

里村　それは、「公僕《こうぼく》」という考え方に真っ向から反しています。許認可権をすべて持っているから……。

安倍晋三守護霊　うーん。「お上《かみ》」ということですね？

里村　そうしますと、事実上、「国民は霞《かすみ》が関《せき》に対して、物申せない」ということになります。民主主義社会においては、私どもには、「言論の自由」「信教の自由」

「学問の自由」がございます。しかし、「許認可権を握《にぎ》っている方が、そういう自由を超《こ》えてしまって、その意向に逆《さか》らえない」ということは、民主主義社会にあってはならないことなのです。

安倍晋三守護霊　いや、それは、もう、その人の器《うつわ》相応のものでして、「文科大臣になった」というと、急に偉《えら》くなってしまう人というのは、たくさん、世の中にはいるので、まあ、「そこまでの器だった」ということだと思うんですよ。

酒井　うーん。ただし、行政の長《ちょう》としては、法律に基《もと》づいて判断を行わなければいけない。にもかかわらず、完全に法律がすっ飛んで、ある意味で、「人治主義」状態になっているではないですか。

安倍晋三守護霊　ええ。そうだと思いますよ。私も、そう思いますよ。

酒井　これは、「憲法違反《いはん》」ですよね。

安倍晋三守護霊　うーん。まあ、「憲法違反」かどうかは、最高裁の判断を最終的に仰《あお》がないと分かりませんけれども、最近、流行《はや》りの「内閣の解釈《かいしゃく》」（苦笑）、あんまり人気がよろしくありませんが、内閣で解釈していいと思うなら、憲法違反だと思います、私は。

里村　ただ、今回のこの不認可の件に関しては、別に法制局の考えなどは関係なしに……。

安倍晋三守護霊　ええ、ないでしょうね。

里村　明快に、やはり、「憲法違反」というところはございます。

安倍晋三守護霊　ああ、もう、「個人でやれる範囲《はんい》だ」と思ったんだろうと思いますけれども。

里村　そこが非常に怖《こわ》いです。（下村《しもむら》文部科学大臣は）公人《こうじん》ですから。公人というのは、いかなる批判や、いろいろな論評も、やはり甘《あま》んじて受けなくてはいけない立場にいるわけですね。

安倍晋三守護霊　だから、まだ、それだけ、批判に耐《た》えるだけの訓練が十分できていないんだと思うんですよね。

「下村《しもむら》文科大臣の任命権者としての責任」をどう考えているのか

里村　そうしますと、やはり、そういう方を、任命権者として任命された総理のご責任も、当然おありだとは思います。

安倍晋三守護霊　ええ。まあ、「政治的な思想の方向性は合っている。自分の方向と合っている」というようには思ってはいたんですけど、それが、どの程度の器で、可能性があるかどうかは、置いてみないと分からないところがあるのでね。

これで、文部科学省に大臣で置いて、十分にこなして、さらに余力があって、政権全体のことを考えるだけの能力があれば、もっともっと政治家として先がある人だし、これでもう、いっぱいいっぱいになって、沈《しず》んでいくようなら、〝それまでの人〟ですよね。

まあ、それは、みんな試《ため》されるところではあるし、「重要大臣」とはまだ言い切れない部分ではあるので、ほかの大臣もやれるかどうかを見ないかぎりは駄目《だめ》だけれども、内閣全体が見えるところまでは行っていない。少なくとも、今回、弱点としては、「外交面で、幸福の科学さんがそうとう助けてくださっていた」ということに対する認識がほとんどなかったのは明らかだったと思う。

それから、ちょっと、認識の範囲が、どうしても自分の目先の仕事中心にあったことは事実だと思うので、「『これは、内閣全体にどのように波及《はきゅう》するか』とか、『マスコミとの関係で、どのようになっていくか』とか、『それが、他党との関係や、他の宗教団体との関係の、全体、トータルで、最終的にどのようになっていくか』ということに関して、描けるところまで行っていなかったのかな。自分で揉《も》み潰《つぶ》せると思っていたところがあったのかな」というようには感じました。

里村　ただ、今、総理のお答えをお伺《うかが》いしまして、図《はか》らずも今回の幸福の科学大学の決定に関しては、外交問題、あるいは、ほかの宗教団体とのいろいろな兼《か》ね合い等もありまして、ある意味で、「一人の大臣の職掌《しょくしょう》を超えた、かなり大きなところで決断せねばならない問題であった」というようにも私には聞こえました。

そうであればこそ、これは本当に、「下村《しもむら》さんお一人の決断」と考えてよろしいのでしょうか。


安倍晋三守護霊　うーん、霊言なども、読んで受ける印象は、各人それぞれ違《ちが》いがありますのでね、「どのように受け止めるか」というのは。

私なんかは、（霊言で）ほめられることもあるし、怒《おこ》られることもあるし、両方ありまして、ほめられるときは、うれしゅうございますけれども、怒られるときは、身が引き締《し》まるような思いで受け止めさせていただいてはおるんですけれども。

まあ、人間として、一般《いっぱん》的に、「自分をほめるようなものなら信じやすくなって、自分を批判するものに対しては否定的になりやすい」というのは、普通《ふつう》の人間の性質ですから、「それを超えて受け止めるだけの器があるかどうか」という問題かとは思うんですけどねえ。

「ほとんどプライドの問題だった」と指摘《してき》する安倍総理守護霊

里村　しかしながら、総理と下村大臣を比べますと、実はお二人の間には、一点、大きな違いがございます。

公人ですので、あえて下村大臣に関して申し上げますと、下村大臣は、当会の信者でございます。そうである以上、「われわれと同じ仏弟子《ぶつでし》でもある」という立場から、私《わたくし》たちとしても、そうした霊言の内容というのは、きちんとご本人に、「どう受け止めるか」ということでお伝えしなければならないと考えております。

安倍晋三守護霊　まあ、彼としては、たぶん、そういう信者の噂《うわさ》が流れていることは知っていると思いますが、「にもかかわらず、法律に則《のっと》って厳正に審査《しんさ》した」というように見えたほうが、「政治家としての評価が、政界でもマスコミの間からでも高まる」というように計算したんだとは思いますけどもねえ。

里村　まあ、非常に、世論誘導《よろんゆうどう》されましたね。

安倍晋三守護霊　ええ。

里村　「霊言というものは、科学的根拠《こんきょ》がない」と。これは当日、マスコミがけっこう使った言葉でございまして、本当に、「そのように思わせたい」という方向に、発表したなと思いました。

安倍晋三守護霊　まあ、ほかに言うことは、もうなかったといえばなかったでしょう。

木村　要は、「幸福の科学大学が、霊言を根底にしたかたちではなくて、極《きわ》めて一般的な既存《きぞん》の学問にも配慮《はいりょ》したカリキュラム、教育体系にもなっているにもかかわらず、『わずか二科目のところで、大川総裁が霊言に触《ふ》れている』という理由でもって、その三学部をすべて潰し、また、百数十億円の投資も潰し、何よりも、幸福の科学学園生や、数多くの一般の入学希望者の期待を踏みにじった」ということは、教育者としては、あるまじき蛮行《ばんこう》であったと、われわれは考えているのです。文科省も含め、公僕として誠実でなかったかと思います。

安倍晋三守護霊　うーん。でも、ほとんど〝プライドの問題〟だったんだろうと思います。「プライド 対 プライド」の戦いで、（下村さんは）「信者であったとしても、大臣まで来たら、やっぱり違うでしょう。それ相応の取り扱《あつか》いが、宗教団体なら、あってもいいんじゃないか」というように、彼なりの論理では考えたんだろうけれども、「幸福の科学にとっては、外で出世しているかどうかは関係がなかった」

というところあたりに、すれ違いがたぶんあったんだろうと思いますけどね。

文科省の回答は「あまりにも〝正直すぎる〟公文書だった」

里村　それでは、ここまでの話のなかで、総理のお考えをお伺いしたいのですけれども、今回の幸福の科学大学の不認可の決定と、その理由として、「霊言というものは、科学的根拠がないから、学問にしては駄目なんだ」ということを公にしたことに関して、総理は、「これは正しい」とお認めになりますか？　それとも、「これは違うな」と思われますか？

安倍晋三守護霊　まあ、行政決定権者がいないところで、私が、全部言うのが妥当《だとう》なのかどうかは分かりませんけれども、切り返すことは可能なのではないかと思うんです。

里村　はい。

安倍晋三守護霊　宗教はたくさんあり、十数万の宗教がありますけども、「『科学』を名乗っている宗教は、幸福の科学しかないんだ」ということで、「科学に対する理解が最も深く、最も科学的な態度でもって宗教現象を解明しようとしているのが幸福の科学なのである。だから、ほかの宗教はともかくも、幸福の科学に科学性があることは、学問的に認められてもよいことだ」というように反論することは可能なんじゃないかと私は思います。

里村　今、たいへん的確《てきかく》に、下村大臣の心のなかを指摘《してき》されたような感じがするのですけれども……。

安倍晋三守護霊　ええ。

里村　では、総理は、どう思われるのですか、文部科学省の考え方に関して。

安倍晋三守護霊　いやあ、そんなの……。まあ、でも最終的には、ある意味で、正直なあれなんじゃないかなと思うんですよ、公文書としては（笑）。あまりにも正直な……。

里村　正直（笑）。

安倍晋三守護霊　〝正直すぎる公文書〟で、もうちょっと上手に〝粉飾《ふんしょく》する〟ことができただろうに、あまりにも正直な公文書だったと思います。

里村　ほう。

安倍晋三守護霊　まあ、「霊言が信じられるか信じられないか」というようなところに、結論的に収斂《しゅうれん》していくような内容であったわけでしょう?

里村　そうです。ですから、確かに、霞《かすみ》が関《せき》出身の、ある国会議員はたいへん驚《おどろ》いていました。とても、官僚《かんりょう》がこういう……。

安倍晋三守護霊　少なくとも、法学部を卒業する人が書くような文章ではない。

里村　ではないです。

現・大学設置室長の考えと前任者の考えは正反対だった!?

木村　これ自体は、審議会が本来、書くべきものであるにもかかわらず、今の大学設置室長が自ら書いたと……。

安倍晋三守護霊　まあ、そうでしょうね。

木村　「学問の定義」も、『広辞苑』から引っ張ってきて書いたと。

安倍晋三守護霊　（笑）

木村　このレベルで否定してきたわけですから、当然、「その上司である下村大臣の息がかかっている」、あるいは、「その意図が反映されている」というように、われわれは読まざるをえない。

それまでやり取りしていた、さまざまな学者の方々から来た意見に関しては、非常に学問的な部分ももちろんありますし、細《こま》かいテクニカルなところもありましたけれども、まったく、それらがない。
ある意味での素人《しろうと》が書いたような、不可理由になっておりましたから、これはどう考えても、「おそらく一日、二日で、大学設置室長が、下村文科大臣の意図というか、もう最初にあった結論を受けて書かれたのであろう」ということは、明らかだと思っているのですけれども……。

安倍晋三守護霊　ええ。それは、前任の設置室長のほうからも連絡《れんらく》というか、事前の〝あれ〟を少し受けてはいるんですけれども……。

里村　総理ご自身が、ですか。

安倍晋三守護霊　ええ。まあ、ブリーフ（簡単な報告）は受けとるんですけども……。まあ、「前任者をそのまま置いとくと、（幸福の科学に）落とされてしまう」

と見て、変えたんだと思いますね（注。文科省の大学設置室長は、七月の人事異動で交代している）。要するに、「おそらく、法律的観点から見たら認めざるをえない方向に行くんだろうな」ということは見えていたので、やっぱり、「それが我慢《がまん》ならない人がいた」ということでしょう。

「道徳強化」を推進する安倍政権と下村《しもむら》大臣の思想との矛盾《むじゅん》

里村　今、安倍総理の守護霊様がおっしゃっていることは大変な問題でして、要は、今回、（幸福の科学大学は）法律的に問題がなかったけれども、公人でもある、認可権を持っている所管大臣の「プライドの問題、感情の問題」で（不認可の）判断が出てしまいました、と。まあ、この判断の是非《ぜひ》については、あとで改めてお伺いしますけれども……。

安倍晋三守護霊　うん。

里村　こういう方には大臣としての資質があるのでしょうか。すでに、先ほどから、「問題がある」とおっしゃっていますけれども、このままでよろしいのですか。こういう方を大臣に置いておいて……。

安倍晋三守護霊　ですからねえ、意識のレベルが、いわゆる「道徳」みたいなところぐらいまでしかないいんだろうと思うんです。本当は、意識レベルが、それより上までないいんでしょう。

里村　ただ、この「道徳」についてですけれども、もちろん、安倍政権全体としても、「学校教育における道徳強化」は推進の方向でしょう。しかし、特にその所管大臣である下村《しもむら》大臣は、道徳のベースとなる「神仏に関する理解」、あるいは、「宗教に対する理解」というものが極めて浅いのですが、こういう方が道徳を……。

安倍晋三守護霊　いや、ないわけではないと思います。ただ、「自分を批判する神仏は認めない」ということだけのことだと思う。

里村　それは、自分を神仏以上の存在とするような考え方です。

安倍晋三守護霊　まあ、なかには、そういうふうに思う方もいますわね。

里村　本当の信仰心《しんこうしん》を持っている人間にとって、ある意味で、神仏に怒られることを受け止めることは、重要な信仰の姿ですから……。

安倍晋三守護霊　ええ。ただ、そこについては、保守の政治家でも、その個人個人の資質に応じて、全然違いますので……。

宗教を否定して、道徳が説けるのか

里村　そういう方に、「道徳強化」「道徳の授業化」を推進したり、道徳を説いたりする資格はあるのでしょうか。

安倍晋三守護霊　その「方向付け」のところが、また難しいでしょうけどもねえ。

里村　「方向付け」というのは、どういうことでしょう?

安倍晋三守護霊　いやあ、だから、「どういう内容にしていくか」のところ……。まあ、でも、これもまた、具体的な内容まではなかなか入れないのでね。

里村　ええ。

安倍晋三守護霊　文部科学省のなかにまでは、なかなか立ち入れないところがあるので、難しいですけどもねえ。

ただ、「宗教を否定しておいて、道徳が説けるかどうか」っていうことは、やっぱり、問題が大きいでしょうねえ。

里村　これは難しいでしょう。総理のイニシアチブ、リーダーシップの問題でもあるかと思います。

安倍晋三守護霊　うーん……。

里村　つまり、「宗教なき道徳」というものは、最後は必ず、「正しいか。間違っているか」ではなくて、「好きか。嫌《きら》いか」になっていくのです。「価値相対主義の罠《わな》」に陥《おちい》って、やがては、例のハーバード大学のサンデル教授のようになり、「人を殺すことが、どうして悪いことなのか」も、だんだんと分からなくなってきます。

安倍晋三守護霊　うーん……。

里村　これは、非常に危険な方向にあると、私は思いますけれども、どのようにご覧になりますか。

安倍晋三守護霊　まあ、そのへんについては、ちょっと学問的に専門的なのでね。「宗教と道徳を、どのように分けるか」について、私に十分な見識があるとは言えませんけれども、うーん……。ただ、（下村大臣に対しては）「そんなに勉強なさってはいないのかな」という感じを受けています。

里村　ええ。

安倍晋三守護霊　もう少し深く勉強されておれば、分かることがあるのに……。

「霊言《れいげん》」に対する安倍総理守護霊の認識とは

木村　安倍総理は、第一次安倍内閣のときに、「教育基本法」を改正されて、宗教に対する尊敬のところ、つまり、「宗教を尊重する」ということで……。

安倍晋三守護霊　ええ、そうですね。

木村　われわれは、「英断をされた」と考えたのですけれども、今回、こういったかたちで、カリキュラムには入っていないにしても、「霊言《れいげん》」そのものを否定してきているわけです。

宗教を統括《とうかつ》する文科省の大臣として、「霊言そのもの」、「霊言集そのもの」を、要するに、幸福の科学の宗教的な秘儀《ひぎ》に当たるものを否定してきたわけですけれども、安倍首相としては、どうなのでしょうか。

当会は、八〇年代から、さまざまなかたちで霊言を出しておりますし、六年半ほど前、私は、安倍首相ご本人にお会いしたときに、「吉田松陰《よしだしょういん》の霊言」（『大川隆法霊言全集 第11巻』〔宗教法人幸福の科学刊〕）を献本《けんぽん》させていただいたことがありましたけれども、安倍首相ご本人としては、当会の霊言集に対して、どのようにお考えなのでしょうか。

その「宗教的な認識」をお聞かせいただけませんか。

安倍晋三守護霊　基本的には「正しい」と思っていますよ。基本的には「正しい」と思ってます。

ただ、各個人としては……、まあ、いろいろな批評をされてますので、人によっては、「受け入れたいところ」と「受け入れたくないところ」が部分的にあるだろうと思うし、「信者としての気持ちの比率が高まれば高まるほど、全体に受け入れていて、低ければ、受け入れる率が低くなる」というような関係にはあるだろうと思うし、一般でも、受け入れる人と受け入れない人とがいると思います。

「私《わたくし》個人はどうか」ということですが、まあ、私も批判されたりすることもあるし……、まあ、ほめられることも批判されることも、両方ございますけども、全体的には、「善導《ぜんどう》」っていうか、よい方向に導いてくださろうとしているというふうには、理解しています。

里村　そうであれば、やはり、今回、幸福の科学大学に対して不認可を出した下村文科大臣の不見識というところが問題だと思いますけれども、総理としては、今後、下村大臣の処遇《しょぐう》を、どうされるおつもりですか。処分される？

安倍晋三守護霊　ですから、まあ、今の政治状況《じょうきょう》をご覧になっていて、「あなたが総理大臣だったら、どうするか」っていうのを考えたときに、実に難しいシチュエーションであると思いませんか。

里村　難しいですね。

安倍晋三守護霊　タイムスケジュール的には、とても難しいスケジュールなんです。

里村　ええ。

安倍晋三守護霊　ですからね、「なるべく、それを、あんまり〝表〟で騒《さわ》ぎにならないかたちで片付けたい」という気持ちはありますわねえ。

酒井　そういうことですよね？

安倍晋三守護霊　うーん……。

4　安倍総理守護霊の真意を探《さぐ》る

安倍総理守護霊が、幸福の科学に助けを求めてきた理由

酒井　少し話を戻《もど》します。

今日、大川総裁は休息を取ろうとされていたのですけれども、あなたは、「これは日本の危機である」と言って出てきました。

安倍晋三守護霊　うーん……。

酒井　さらに、「大学の損害にこだわって、国をなくしてもいいのか」ということを、われわれのほうに霊言《れいげん》で言ってきたわけです。今、あなたがいちばん困ってい

るのは何ですか。

安倍晋三守護霊　やっぱり、幸福の科学さんと協調できなかったら、憲法改正までは、もたないと思ってます。

酒井　本当ですか？

安倍晋三守護霊　そこまでは、何とか関係を……。

酒井　それは、トータルですよね？

安倍晋三守護霊　トータルでね。

酒井　ただ、なぜ今日、出てきたのですか。安倍首相は、昨日、プーチン大統領と会い、今日は習近平《しゅうきんぺい》と会っていますよね。

安倍晋三守護霊　「なぜ、今日か」と言われても……。この前も来たんですけど……。

酒井　まあ、そうですけれども、なぜ、いちばん忙《いそが》しいときに……。

安倍晋三守護霊　この前は、「平《ひら》にご容赦《ようしゃ》を……」って言って出たけど、「おまえなんか信じない」と一喝《いっかつ》されて……。

酒井　いや、それは信じられませんよ。

安倍晋三守護霊　〝厳しい剣豪《けんごう》〟の総裁補佐《ほさ》がいらっしゃって、〝刀で一斬《ひとき》り〟にされてしまうので……。

今日も来たときに、「信じられない」と〝蹴《け》られた〟んですが……。

酒井　それは信じられないです。

安倍晋三守護霊　（総裁補佐は）「百数十億も投資したのです」とおっしゃったけれども、「いや、百数十億と、国が潰《つぶ》れるかどうかの問題とは違《ちが》いますから」と言って……。

酒井　その発言は、こちらを非常に怒《おこ》らせるものですよね。

安倍晋三守護霊　どうしてですか。そのとおりじゃないですか。

酒井　あなたが言っているのは、「国」ではないでしょう。「政府の危機」でしょう。

安倍晋三守護霊　いや、そんなことないですよ。

酒井　〝あなたの危機〟なのでしょう？

安倍晋三守護霊　（大川総裁が）モナコ公妃《こうひ》の映画（「グレース・オブ・モナコ　公妃の切り札《ふだ》」）を観《み》に行こうとされてたから、「モナコなんかどうでもいいから、日本のほうを助けてください」と……。

里村　日本ではなく、安倍政権のほうなのではないですか。

安倍晋三守護霊　まあ、そらあ、そうではあるけども……。

酒井　日本を大切にしたいのならば、日本に降りている救世主の教えを護《まも》るべきですよ。

安倍晋三守護霊　うーん、だから……。

酒井　あなたでしょう？　安倍政権の危機でしょう？

安倍晋三守護霊　いや、学校（幸福の科学大学）だけが、「幸福の科学のすべて」というふうに思ってるわけではないので……。

幸福の科学に対する誠意を問いただす質問者

木村　最初に、幸福の科学に対して、「中国と匹敵《ひってき》するぐらい大事だと思っている」という〝おべんちゃら〟を使っていただきましたけれども、そんなことは、とても信じ切れません。

先ほどから、あなたは、下村《しもむら》大臣の見識の浅さや配慮《はいりょ》の足りなさなどをおっしゃって、彼のせいにしているけれども、われわれは、「そもそも、安倍首相その人が、中国であるとか、与党《よとう》に入っている公明党との関係とか、その他、さまざまなほかの宗教団体とか、そういった部分に配慮して、今、〝幸福の科学切《ぎ》り〟に入っているのではないか」という疑念を持っているわけです。

安倍晋三守護霊　うーん。

木村　非常にスムーズなかたちで政治家答弁をされていて、ミクロ的に、下村大臣のレベルの低さだけで片付けようとされていますけれども、マクロ的な認識としては、そうではないのではないか。その裏では、安倍首相が、もう少し広い視野から見て、「これ以上、幸福の科学と縁《えん》をつけていくと、中国や公明党との立場など、ほかのことをいろいろ考えていく上で、阻害《そがい》要因になってくるのではないか」と結論づけたのではないか。

われわれは、そのように疑っています。

安倍晋三守護霊　うーん。

木村　これに対して、どう抗弁《こうべん》されます?

安倍晋三守護霊　そこまで広範《こうはん》に戦略を練るほど緻密《ちみつ》ではございませんので、そこまで言えるほどのもんじゃないんだけれども……。まあ、あなたがたは、八月ぐらいに、下村大臣のほうに圧力をかけて、「何とか変えさせろ」っていうふうな感じで出てきてはいたと思うんですけどもね。

ただ、「あの八月の段階で、大臣のクビ切り圧力がかけられたか」というと、まあ、具体的に外に現れている事象として見えるものがないですから、それは、ちょっと無理は無理だったと思うんですよ。

それで、「こちらが求めなくとも、女性閣僚《かくりょう》二人の辞任がやってきて、そのあと、三人目（の辞任）を止《と》めるのに必死であった」というのは事実ではありますので……。まあ、もうちょっと人間関係をうまくやってくだされば、よかったんですけどねえ。

安倍総理が日中首脳会談を行った狙《ねら》いとは

里村　先ほど、酒井が申し上げましたとおり、あなたは、今日になって来られて、

「国のほうを取れ」と言われました。また、百数十億円ぐらいかけた投資……、まあ、これは大学の建物の建設だけですけれども、「それで国を捨てるのか」というような感じでおっしゃったと聞いています。

安倍晋三守護霊　うん。

里村　今回の日中首脳会談で、そもそも、会談に至るために中国と合意をしました。この中国との合意の内容について、今、安倍さんを支えていた側の人たちからの批判がかなり高まってきておりますけども、今になって、かなり思った方向と違う方向に向き始めているので、それに困っているのではないですか。

安倍晋三守護霊　まあ、ちょっと〝選挙対策〟も入っていることは事実ですけどねえ。とりあえずね。

里村　ええ。

安倍晋三守護霊　場合によっては、次の消費税上げと絡《から》んで、早い時期での「解散」がある可能性もありますのでね。まあ、「外交」と「中国との経済関係」において、もうちょっと将来性が明るくなる状況《じょうきょう》を築くことができれば……、まあ、それは、選挙対策として、トップがやるべきことではありますよねえ。

小笠原《おがさわら》諸島に現れた中国漁船が意味するもの

酒井　結局、「尖閣《せんかく》の問題は、双方異なる見解を有する」と認めたことは、経済的な取引ですね。

安倍晋三守護霊　ですから、向こうは、小笠原《おがさわら》諸島辺りにも船をたくさん出してきて、「どこの島だって取れるんだよ」と、事実上、威嚇《いかく》してるわけだよね。

里村　タイミング的には、誰《だれ》が見ても、首脳会談前にやってきています。小笠原諸島に仕掛《しか》けてきていますからね。日本が強く出られないのを、きちんと分かっていて、やっているのですから……。

安倍晋三守護霊　「尖閣だけを守ってたって、ほかの島だって取れるんだよ」と言っているんですからね。

酒井　「日本の危機」と言いつつも、今、あなたが日本の危機を生み出しているのですよ。

安倍晋三守護霊　うん。だけど……。

酒井　〝国を売ろう〟としているのは、あなたの判断です。

安倍晋三守護霊　でも、次はそれをやるとしたら、もう憲法体制を変えるしかないので。集団的自衛権だけで、もう守り切れない部分が出てきつつありますからねえ。

里村　ただ、ここまで中国の言うことを呑《の》んでいて、憲法改正なんか絶対にできないです。ありえないですよね。

沖縄《おきなわ》県知事選で負けると安倍政権に〝解散風〟が吹《ふ》く

酒井　靖国《やすくに》神社だって、もう行けないでしょう。

里村　行けないと思いますよ。

酒井　靖国神社へ行けますか？

安倍晋三守護霊　うーん……。

里村　去年の十二月二十六日に行かれました。今年は行かれますか。

安倍晋三守護霊　うーん……。まあ、今は十一月ですか。

里村　はい。

安倍晋三守護霊　まあ、十一月で向こう（中国）と面談したあとに行けるかっていったら（苦笑）、それはちょっと厳しいことは厳しいですねえ。

里村　厳しいですね。

安倍晋三守護霊　うーん。

里村　つまり、またこの数日で大きく〝風向き〟が変わってきたと。

安倍晋三守護霊　うーん。

里村　沖縄《おきなわ》のほうの自民推薦《すいせん》の仲井眞《なかいま》候補も今、非常に敗色濃厚《のうこう》だということで、かなり急激に風が変わってきているのです。

安倍晋三守護霊　ええ。ですから、あれ（沖縄県知事選挙）で敗れると〝解散風〟

が急速に吹《ふ》いてき始めるとは思いますので。

里村　いや、総理筋《すじ》のほうから、官邸《かんてい》筋のほうから風を吹かせるような情報を出しているんですよ。

安倍晋三守護霊　ええ。

里村　どんどん、どんどん悪い方向に行きます。

安倍晋三守護霊　うーん。まあ……。

幸福の科学の「朝日新聞へのスタンス」には混乱した

酒井　これが、あなたが今困っていることで、大川総裁に助けてほしいということでしょ?

安倍晋三守護霊　まあ、味方は多いほうがよくて、敵は少ないほうがいいですよね。

酒井　要するに、今、総裁に、「助けてください」ということですよね。

安倍晋三守護霊　うーん。朝日新聞まで、ちょっとですねえ、非常に禅問答《ぜんもんどう》のような不思議な本を、朝日新聞に関しても〝天声人語《てんせいじんご》本〟を出しておられるようで……(『現代ジャーナリズム論批判』〔幸福の科学出版刊〕参照)。

里村　はい。

安倍晋三守護霊　これは禅問答のようで、いったいどういう意味で出されたのか、やっぱりわれわれも頭を……。どういう意味なんだろうというふうに、分からない部分はありますけどもね。

里村　そんなに深く考えなくても、ありのままに受け止めればいいと思います。もう、われわれも是々非々《ぜぜひひ》で言っておりますから。

安倍晋三守護霊　いや、だから、あるいは中国に接近を容認する意味で出されたのかなあというふうにも取れるし……。

里村　当会がですか？

安倍晋三守護霊　はい。そう、そう。攻撃《こうげき》が一辺倒《いっぺんとう》でないというふうに出されたのかもしれないし。

酒井　いえ、いえ。それは言論を守るためですよ。

里村　そういうことをお伺《うかが》いすればするほど、われわれは、「安倍政権で国の舵取《かじと》りは大丈夫《だいじょうぶ》か？」と非常に不安になります。

安倍晋三守護霊　いやあ、それはもう、いっぱいいいっぱいです、はっきり言って。もう、いっぱいいっぱいです。

与野党《よやとう》合意の「増税」は実行したい

酒井　あなたは増税したいのですか。

安倍晋三守護霊　（舌打ち）それはねえ、いちおう約束ですから。一昨年、民主党政権下でもすでに決まって、与党《よとう》と野党の合意の上で通した法案ですし、国際的にも〝公約〟しているものでもあるので、いちおう、それは通せるように環境《かんきょう》をつくる義務は、いっぱいいっぱいまであるだろうとは思います。

ただ、反対する声も強いです。特に経済界から反対する声が非常に強いですから、中国との取引等がまた良好になるという環境を今回つくることができれば、〝反対風〟が少し弱まるという面はあるかなあというところはあったし、経済成長の二パーセントも、そう簡単に行きそうにない状況にありますのでねえ。

まあ、実に難しいなあとは思っております。

中国寄りの姿勢は「香港問題《ホンコンもんだい》」にも関係がある

酒井　今、中国の問題も「増税」に絡めていますけれども。

安倍晋三守護霊　だから、こちらは（中国）「包囲網《ほういもう》」をつくっていたのと、「会談」するのと、硬軟《こうなん》両方入っているんですよね。
でも、いちおう政治的には、アメリカなんかでもそういうふうにはやりますので。
「圧力をかけつつ、会談はする」っていうか、いちおう戦火を交《まじ》える前に、外交でいっぱいいいっぱい努力するのは普通《ふつう》のことでありますので……。

里村　いや、それは結構なのです。

安倍晋三守護霊　ええ。

里村　当然、〝無血開城〟で、〝武装解除〟を進めるために圧力を加えつつ、だんだん向こうに解除させていくのは結構なのです。
ところが、今見ると、中国にどんどん近づいて、こちらのほうからどんどん武装解除をしている状態なのです。

安倍晋三守護霊　いや、でも、もう一つ別の面もあって、向こうの中国のほうは、「香港問題《ホンコンもんだい》」で国際的に監視《かんし》されてしまいましたので。「中国が普通の国ではない」っていうことが香港問題で分かりましたし、欧米《おうべい》の価値観から言えば、香港の学生のほうを支援《しえん》する声のほうが圧倒的に強いというふうに思います。

だから、中国も何とか〝開かれた〟ところを見せなきゃいけないという状況に追い込《こ》まれていることは事実なので。そういう意味で、ある程度、もしかしたら何らかの、政権をもたせる意味では、（日本も中国も）両方ともメリットがある部分があるかもしれないという……。

酒井　そうしたら、それに対して幸福の科学にしてほしいことを、はっきりとおっしゃってください。幾《いく》つでもいいです。

幸福の科学には「沖縄県知事選《おきなわけんちじせん》」と「増税」の応援《おうえん》をしてほしい

安倍晋三守護霊　そらあ……、うーん。今、直近はもう年内の問題が、まあ、直近《ちょっきん》は直近ですので……。

酒井　年内？　選挙ですか？　消費税とか。

安倍晋三守護霊　先のことを言っても、今、年内を乗り切れるかどうか。「解散なしに乗り切れるか」、「解散になるか」という〝あれ〟ですので。

本来は「沖縄《おきなわ》知事選の支援《しえん》」や、それから十二月の「消費税上げ、十パーセント上げ決定の支援」をやっていただきたいところですが、そちらの方向には動いてくださらないようには感じてはいます。

酒井　その二つはやってほしいということですね。

安倍晋三守護霊　うーん。

酒井　ほかにはございますか。

安倍晋三守護霊　少なくとも年内はね。

酒井　年内はその二つですか。

安倍晋三守護霊　うーん、それは気持ちとしてはありますわねえ。政権をもたせるための〝芸当〟はやり尽《つ》くした

里村　それ以外はありますか。

安倍晋三守護霊　まっ、それ以外は「靖国問題」……。

まあ、これは八月から〝朝日攻《ぜ》め〟をやって、右翼《うよく》の言論人たちもそうとう（朝日を）攻めてやっていたけど、九月から突如《とつじょ》、内閣の閣僚の不祥事《ふしょうじ》をすごくマイナーな週刊誌あたりから暴《あば》かれて、追い落とされるっていう、あっという間の……。

もう二年弱、安定した政権だったのに、「団扇《うちわ》問題」だとか、「不記載《ふきさい》問題」とかで、あっという間にパパパパッといってしまいましたんで、私らとしてはちょっと考えるところがあって、うーん。「これは朝日側が何か作戦を立てて、搦《から》め手から攻めてるのかなあ」というふうには思ったところもありますけどもねえ。

木村　「朝日新聞」と「幸福の科学」が、何か絡んでいるというふうに感じられたのですか。

安倍晋三守護霊　いやあ、そうだとまでは言うわけではありませんけれども……。だから、言論人のほうは、もう譲《ゆず》らずに〝朝日攻め〟でガーッと押《お》してはいましたけども、やっぱり、いちおう週刊誌のほうに手を回して、政権攻撃？　下ネタ攻撃……。

まあ、要するに、朝日が本当はつかんでる情報だと思いますが、つかんでる情報を週刊誌のほうに流して、書かせてやらせているというところですか。そこに火種《ひだね》を起こして、火をつけて燃え上がった段階で新聞やテレビが〝食いつく〟っていうスタイルですね。そのスタイルで攻撃に入ってきたのかなあっていうことで。そういう〝火の手〟が上がったら、読売であろうと、産経であろうと、やっぱり書かないではいられなくなってきますからねえ。

だから、あの速さが、八月に攻めて九月に追い込もうとして、(内閣)支持率も六十パーセント台に回復したあと、いきなり、〝突如の失速〟が始まったので、やっぱり、ここをもたすために日銀《にちぎん》の特別な、スペシャルな、またあの金融緩和《きんゆうかんわ》をやってたりもしました。

けれども、もうこのへんで〝芸当〟としてやれることはいっぱいいっぱいなので、もうちょっと正攻法で政権をもたせるように何かしていかなきゃいけないとは思ってるんですけどね。

〝アンチ安倍政権運動〟をしてほしくないので、今日はその交渉《こうしょう》に来た

酒井　そこで、当会に何をしてほしいのですか。

安倍晋三守護霊　まあ、あなたには本当に申し訳なくも、今年に（幸福の科学大学を）申請《しんせい》していただかなかったほうがよかったかなあ（苦笑）。来年でよかったんですかね。今年でなかったら、ありがたかったんですけどねえ。

酒井　いや、再来年の分も今年に申請しなければいけないんですけど。

安倍晋三守護霊　うーん。こんなときによりによって、幸福の科学さんのほうが入ってなくてもよかったのになあっていう……。

里村　いや、問題の本質は「時期」ではなくて、「総理のスタンス」だと思います。

酒井　要するに、今、何をしてほしいのですか。

安倍晋三守護霊　うーん……。まっ、してほしいというよりは、してほしくないのほうかもしれません（苦笑）。

酒井　何をしてほしくないのですか。

安倍晋三守護霊　だから、〝アンチ安倍政権運動〟は、そんなにしてほしくないということは……。

酒井　要するに、今日はその交渉《こうしょう》に来たということですよね？

安倍晋三守護霊　まっ、そういうことですね。

酒井　それは「国の問題」ではないじゃないですか。「安倍政権の問題」ではないですか。

安倍晋三守護霊　いや、それはあなたがたも……。

酒井　「日本の危機」ではないでしょう？

安倍晋三守護霊　うーん、あなたがたも「あなたがたの問題」でしょ？　もちろん。

酒井　要するに、あなたにとっては〝その程度の問題〟だということですよね？

安倍政権延命のために「不惜身命《ふしゃくしんみょう》」でやっている

里村　ただ、この大学の不認可の問題も一幸福の科学の問題ではなくて、常に日本の未来、世界の未来とかかわっているからこそ、私たちは問題にしています。しかし、今、総理は安倍政権の延命との絡みのなかで、すべてを考えていらっしゃる。私たちは、昔からそんな方だと思いたくないです。

実際に、亡《な》くなられた岡崎久彦《おかざきひさひこ》さんも、また、渡部昇一《わたなべしょういち》先生も、四年前に「安倍総理にもう一度やらせたいんだ」と、「そういう動きをやるんだ」というふうにおっしゃっていました。そのときは安倍さんのスタンスを信じていらっしゃいました。

安倍晋三守護霊　うーん、でも、今、外交……、外国に行っている回数も、過去の総理としてはちょっとありえないくらいの回数になっているのをご存じだと思います。

私もおたく様の宗教と一緒《いっしょ》って言ったら怒られるかもしれませんけれども、もう「不惜身命《ふしゃくしんみょう》」でやっておりまして、政権を投げ出したところで、もう私の仕事としては今世《こんぜ》は終わりだと思ってます。「残された時間のなかで何ができるか」っていう、もう本当に、逆算して何ができるかっていうことを今いっぱいいっぱい考えてるところなんで……。

「アベノミクスが理解できない」と自ら嘆《なげ》く安倍総理守護霊

里村　今のお話を聞いていますと、「残された時間のなかで何ができるか」というよりも、「残された時間を延ばすためには何ができるか」ということを考えていらっしゃるとしか思えませんが。

酒井　そうですね。「憲法改正まで持っていきたい」というのが、最初に言っていた言葉ですよ。

安倍晋三守護霊　ですから、オリンピックぐらいまで、何とか引き延ばせるようなことをできれば……。

酒井　要するに、延命したいと？

安倍晋三守護霊　いや、そうすれば、憲法改正まで持っていける可能性はあるなと。

酒井　あなたが、今、びっくりしていることとしては、自分でつくった最初の内閣のときの状態、つまり、「大臣がボロボロと辞《や》めていく」という、あの状況と似たようなことが起きていることであり、それによって、そうとう心を乱しましたよね？

安倍晋三守護霊　うーん……。

酒井　それで、予算委員会の答弁でも、激昂《げきこう》することが何回もあって……。

安倍晋三守護霊　いや。もう、それは体調も厳しいですから。南米まで行ったり、アフリカに行ったり、インドに行ったり、本当は体調を考えると行きたくないところまで行ってますから……。

酒井　いや、それによって、あなたは、「アベノミクスが失敗している」ということを、逆に示しているわけですよ。

里村　そういうことですよ。

安倍晋三守護霊　はああっ……（ため息）。

酒井　「アベノミクス」と言いつつも、何にも効果が出ないので、あなたは自分でやるしかなくなったわけです。

安倍晋三守護霊　まあ、それは、「国内だけでは解決しないな」という感じは……。

里村　いや、違うんですよ。日銀が金を増やしても、借りる人が全然出てこないので、余ってしまっているんです。それで、トップセールスで総理自らが海外まで行って、「外国に日本の金を流しましょう」と言っているんですよ。

つまり、期待したアベノミクスの、本来の最初の経済問題の解決が、「国内だけ」ではなくて、まさに「国内で」進んでいないのです。

酒井　ええ。旧《ふる》い自民党体質から、全然脱《だっ》していないわけですよ。

安倍晋三守護霊　まあ、ここから先は、私も、もう専門的に、ちょっと理解ができなくなってるんで……。

酒井　いや、「アベノミクス」を言っている本人が理解できないとなると、誰も理解できないではないですか。

安倍晋三守護霊　ええ……。まあ、理解できないんですよ。だから、簡単に言えば、

「ゼロ金利なのに、何で金を借りてくれないのか」が分からないんです。

里村　それは、国民が未来に希望を持てないからです。

安倍晋三守護霊　うーん……。

里村　その状態では、「それだったら、お金を借りてでも投資をしよう」という方向にいかないんですよ。

大学設置をめぐって感じた安倍政権の「国家社会主義的な動き」

安倍晋三守護霊　それを言うんだったら、「安倍政権は長期に続く」という予想が立てば、みんなも安心して事業を始められるんですよねえ……。

里村　いや。違うんです。幸福の科学大学が始まっていれば、そういう方向に行ったんですよ。

安倍晋三守護霊　いや、それ……（笑）。それは、ちょっと。やっぱり、大学自体は小さいですから、それほどのインパクトはないんじゃないでしょうかね。

里村　いや、いや、いや。ですから……。

安倍晋三守護霊　ＧＤＰへのインパクトはない……。

酒井　まさに、ここ（幸福の科学大学の問題）で起きている「規制」ですよ。あなたがたがやろうとしている、「大きな政府に持っていこうとする規制」を撤廃しないといけないということですよ。

安倍晋三守護霊　うーん……。

酒井　なぜ、あなたは、「市場の自由」に委《ゆだ》ねないのですか。

安倍晋三守護霊　え？　え？

酒井　市場に委ねないのですか。

木村　要するに、幸福の科学大学は私立大学ですから、教育行政においては、「私立学校の特性にかんがみ、その自主性を重んじる」ということが、私立学校法にも書いてあるんですよね。

安倍晋三守護霊　ええ、ええ、ええ。

木村　なぜ、これまでの五十八回ものやり取りのなかで、われわれが、尊い浄財《じょうざい》を頂いて、寄付を頂いて、投資して建てようとしている大学に対して、ここまで細《こま》かく言われ続けなくてはいけないのでしょうか。

安倍晋三守護霊　うーん……。

木村　これは、「認可」であって、「許可」ではないんですよ。

安倍晋三守護霊　うーん……。

木村　そういったプロセスであるにもかかわらず、細かいところまで根掘《ねほ》り葉《は》掘り入られて、「文科省さんや学者さんの言うことをきいていたら、発展していくような大学をつくっていけるのかどうか」と、疑問になるようなことばかり言われるわけです。

安倍晋三守護霊　うーん……。

木村　学生確保の見通しなどに関しても、いろいろなアンケートで取ったことに対して、根掘り葉掘り、いろいろなことを突《つ》っ込まれましたが、そのような経営責任は、本来、学校法人のわれわれが取るべきであって、責任も取らない学者の方々や、文科省の役人の方々から言われる筋合いはないんですよ。

自由な教育の市場においては、倒産する大学あり、繁栄《はんえい》・発展していく大学あり。そういったもので、学生たちや親御《おやご》さんの満足度を、その淘汰《とうた》の理由にしたらいいんですよ。なぜ、彼らのクライテリア、つまり、判断基準に任せないのか。なぜ、自由市場のなかで競争をさせて、「素晴《すば》らしい大学は、どんどん素晴らしくなり、それだけの努力をしていない大学は落ちていく」といったマーケットのなかに、大学そのものの価値というものを見いだしていこうとしないのか。

そもそも、今、国家全体として、安倍政権が、非常に国家社会主義的な全体主義の流れのなかにあるわけですよ。

要するに、「選択」を認めさせないような教育行政がなされているわけです。これは、全体主義国家の特徴ですよね。

そして、どんどんどんどん、何でも国の統制下にある、「大きな国家」を志向しています。これについては、幸福実現党をはじめ、幸福の科学が言っている政策とも、あるいは、国のあり方とも違う方向を、今、安倍政権は目指しているように見えてならないのですが、どう考えますか。

安倍晋三守護霊　うーん。ああ……（ため息）。まあ、おたくさんも、政党が国会をやられると、もうちょっと、知識や情報が増えてくるとは思うんですけども、本当に、政治家っていう立場は、もう、いろんなところからの陳情《ちんじょう》、陳情、陳情の山でございますので。本当、田中角栄《たなかかくえい》さんのように〝超能力《ちょうのうりょく》〟でも持ってなければ、とてもじゃないけど、全部を一瞬《いっしゅん》で判断し分けるようなことはできない状況ではあるんですけどねえ。

まあ、「国家社会主義的な動き」と言われれば、最近出しておられる本の広告等でも、そういうふうな感じでPRなされてるような感じを、ちょっと受けてきつつはあります。でも、それに関しては、そういう見方もあるけれども、「政権自体が責任を取ろうとしている」というふうな見方もあるわけでして……。

「国家社会主義」と「法治《ほうち》国家」の違《ちが》いが分からない

酒井　では、言わせてもらいますが、八ツ場《やんば》ダムってありましたよね。

安倍晋三守護霊　ええ。

酒井　あの工事を止《と》めた民主党の政策は、無駄《むだ》だったと思いますか。

安倍晋三守護霊　まあ、ああいうふうに、政策が右に行ったり、左に行ったりすることは、あんまりいいことではないでしょうねえ。いずれにしてもね。

酒井　そうですよね。では、「民間の投資が行われました。多額の投資が行われました」ということに対して、「やめろ」と言うのは、経済的に無駄ではないですか。

安倍晋三守護霊　まあ、役人の考えとしては、「やれと言ったわけではない。認可が下りていないのに、勝手に進めた」という言い方になるんでしょうけどね。

酒井　いや、そもそも、この大学設置における法律の制定の趣旨《しゅし》自体が、要するに、「建物を建てたらOKということで、この法律は成り立っている」と理解できるではないですか。

安倍晋三守護霊　うーん。

酒井　これは、「事前に建物を建て、その建物と資金があれば認める」という法律なんですよ。

安倍晋三守護霊　まあ、ただ、おたく様の市場のニーズ調査はどうか知りませんが、全体的に見れば、「今、大学は余っていて、定員割れを起こしている」っていうこと自体は、動かない状態ですね。

酒井　それに関しては、あなたは、嘆願書《たんがんしょ》を読んでいないですね？（注。幸福の科学大学の開学を求める署名が五日間で十七万五千筆以上、嘆願文書は約八千枚寄せられ、九月一日、内閣総理大臣宛で内閣府に提出された）

里村　それは、ニーズに合ったものができていないからです。

安倍晋三守護霊　うーん、まあ……。

里村　やはり、どんな不況の時代にも伸《の》びる会社があるのと同じように、「伸びる大学」もあります。

安倍晋三守護霊　いや、それは同時に、「潰れる大学があることを意味している」ということでしょうから。

酒井　もし、それを言うなら、「民間においては、国がＯＫしなければ、すべての事業はやってはいけない」という話になるわけですよ。今回のことは、学校法人の問題ですが、あなたの考えは、要するに、国家社会主義そのものなんですよ。

安倍晋三守護霊　まあ、ただ……。

酒井　「自由に任せたら、そんなニーズがあるかどうか分からないではないか。国がきちんと見定めないと、そんなものは認可できないよ」ということです。
あなた、本当は、ベンチャー企業《きぎょう》だって認めたくないのでしょう？

安倍晋三守護霊　うーん、まあ、私は、勉強が十分には分からないので……。

酒井　だいたい、そんな人が総理大臣をやっていることがおかしいんですよ。

安倍晋三守護霊　あなたがたが言っている「国家社会主義」と「法治《ほうち》国家の理論」との違《ちが》いが、やっぱり、よく分からないので。

酒井　そんな〝大バカ者〟が、「アベノミクス」などと言っていること自体がおかしいんですよ。分からないのに、何が「第三の矢」ですか。「第三の矢」を言ってくださいよ。

安倍晋三守護霊　ええ。まあ、今、海外に放《はな》っているところです。

「矢内原忠雄《やないはらただお》の霊言《れいげん》」で下《くだ》された安倍総理の評価

酒井　少し言わせてもらいます。矢内原忠雄《やないはらただお》さん（の霊）が、あなたに関して評しています。

そこでは、要するに、「安倍総理の過去世《かこぜ》は北条時頼《ほうじょうときより》である。この人は、日蓮《にちれん》が国を憂《うれ》いて、政権に提言したときに、『その進言は気に食わない』ということで（日蓮の）首を刎《は》ねようとした。（安倍首相自身も）こういう人物であると見たほうがよい」ということを、矢内原さんはおっしゃっています（『矢内原忠雄「信仰《しんこう》・言論弾圧《だんあつ》・大学教育」を語る』〔幸福の科学出版刊〕参照）。

安倍晋三守護霊　まあ、それはたぶん、「頭が悪い」ということでしょうね。

酒井　ただ、「そういった正しい提言をする者に対して、プライドが許さない」とおっしゃっています。

安倍晋三守護霊　うーん。なるほど。まあ、そういう見方もあるでしょうね。

里村　それは、下村（博文《はくぶん》）さんと、二重写しになってくるんです。

5　幸福の科学大学不認可における「行政上の瑕疵《かし》」について

百数十億円も投資させて「不可」は〝振《ふ》り込《こ》め詐欺《さぎ》〟と同じ

木村　建物の件で言わせていただきますと、事前相談も含《ふく》めて、五十八回もやり取りをしているわけですが、そもそも、去年の十月に（幸福の科学大学は）起工式をしたわけですよ。つまり、「建物を建てる」ということを、文科省サイドも全部分かっていたし、もちろん、審議会《しんぎかい》の人たちも分かっていたわけです。

安倍晋三守護霊　うーん。

木村　それで、今回のように、今まで半年以上ずっとやり取りしていた内容を、まったく無視し、単に、下村《しもむら》大臣の私憤《しふん》、私怨《しえん》によって、つまり「霊言《れいげん》を認めたら、自分の霊言を認めることになるから、霊言を否定しなくてはいけない」といった、まったくの私怨によって、霊言だけを、幸福の科学大学不認可のメインの理由にしてきました（注。下村文部科学大臣の守護霊霊言を収録した霊言集が、これまでに四冊も発刊されている。『文部科学大臣・下村博文《はくぶん》守護霊インタビュー』『文部科学大臣・下村博文守護霊インタビュー②』『スピリチュアル・エキスパートによる文部科学大臣の「大学設置審査」検証（上）（下）』〔いずれも幸福の科学出版刊〕参照）。

今まで、霊言の「れ」の字も出てこなかった霊言を、審議会の意見として、最終判断として、「霊言があるから認められない」と言ってきたわけですよ。

しかし、大川総裁は八〇年代から霊言をしていたわけで、この直近の二年も、ずっと霊言をし続けているわけですから、もし、その結論があるんだったら、われわれ民間の教育者に対して、「霊言をするような創立者がつくる大学は認められないから、建設をやめなさい」と言うべきではなかったのではありませんか。

安倍晋三守護霊　うーん。まあ……。

木村　百数十億円も投資させたあとに、まったく聞いてもいないような理由で、この建物を潰《つぶ》すということは、行政における文科省による〝振《ふ》り込《こ》め詐欺《さぎ》〟ですよ。〝振り込め詐欺〟をしているということを、行政の長《ちょう》として、どう考えているのですか。

安倍晋三守護霊　うーん。まあ、「申請《しんせい》のあった大学の半分ぐらいは不認可になった」というふうに聞いておりますので、あなたがたは、自分らの学校については詳《くわ》しいと思いますけども、他の不認可になった学校の理由は、述べることができないでしょう。

里村　いや、ただ、初めて開設する学校は、不認可になっていないでしょう。

木村　新しい大学申請としては、われわれが唯一《ゆいいつ》、「不認可」です。あと三つは「認可」、一つは自分から取り下げですから、五つのうち不認可になったのは、われわれだけですよ。

里村　ええ。

下村《しもむら》文科大臣の考えは「宗教の善悪の判断」以前の段階

木村　だから、「新しい学問を認めようとしない。既存《きぞん》の学問しか認めようとしない」といった考えで、教育によって未来が開けていくのだろうかというのが、また少し違《ちが》った観点ですが、安倍首相としては、教育行政に対して、あれだけの意気込みを持って、ずっと努力されてきた。しかるに本件は、下村《しもむら》大臣の問題として、今回のことを、「自分の判断ではない」というようなかたちで逃《に》げ切ろうとはされているでしょう。

しかし、そうであるならば、「行政上の瑕疵《かし》」と「事実誤認」のある今回の判断。つまり、自分の私怨によって、自分の霊言を取り消すために、大学のカリキュラム全体が霊言であるかのような言い方をし、極《きわ》めて印象誘導《ゆうどう》のなされた、役人に書かせた不可理由によって、幸福の科学大学設立を潰したことに対して、どう対応されるのですか。

下村大臣については、見識がなく、政治家として、それだけのレベルに、まだ達していないのであれば、この不認可というものは、行政上の瑕疵と事実誤認があったわけですから、今からでも十分に見直していただいて、少なくとも、「保留、継続審査」というかたちで、もう一度、われわれに弁明の機会を与《あた》えていただきたいのです。

今の設置室長は、「これだけが是正《ぜせい》意見で、あとは、すべて留意事項《じこう》になりうるものだった。すべて改善意見で、今まであった是正意見は、すべてクリアされておりました」というのを、十月三十一日に、言葉として明言されているんですよ。「すべてクリアされていました」と。

そうであるならば、「霊言を根底にした教育課程という捉《とら》え方が間違っていた。カリキュラムに対する考え方が間違っていた」ということは、行政上の瑕疵ですから、その判断を変えていただきたい。本当なら問題がなかったわけですから、「認可」プラス「留意事項」というかたちで、われわれに、その結論を提示し直してほしい。もし、それが駄目《だめ》でも、「保留、継続審査」というかたちで、もう一度、われわれに、最後の抗弁《こうべん》と、再々補正を行う機会を与えていただけませんでしょうか。

安倍晋三守護霊　まあ、おそらくですねえ、大臣の考えは、「宗教の善悪の判断」以前の段階です。彼は、今の道徳教科書とか、そういう指導を考えていると思いますけれども、「大臣に対する尊敬の念を持たないような行動は、道徳的にはよくないこと」ぐらいのレベルで考えていたんではないかと。まず、宗教に行く前の段階で引っ掛《か》かったのではないかというふうな感じは受けますけどね。

里村　とするならば、まさに民主主義社会の考え方とはまったく違うものですね。

安倍晋三守護霊　分かりません。民主主義っていうのが、多数の意見という意味だったら、どういうふうになってるかは分からない。

里村　いや、民主主義というのは多数の意見だけじゃありません。「常に民衆の側、選ぶ側によって、選ばれた側をチェックできる」というのが民主主義の最大の利点の一つです。決してベストではありませんけれども、民主主義はやり直しがきくというところが、「政治制度のなかではいいほうだ」と言われる由縁《ゆえん》です。

ですから、「下村大臣が間違っているならば、民主主義の国民側、有権者側の意見を聞いて、やり直しの判断をすることはありえるのではないか」ということを木村は申し上げているのです。

安倍晋三守護霊　まあ、大臣にもあるけれども、審議会のほうでも、学者たちっていうか、学長たちも、「各大学では、宗教の伝道等について厳しい態度を取っているところが多い」というふうには聞いておりますので、あんまりウェルカムでなかったことは、「そうなのかも」とは思います。

安倍総理守護霊から見た「桜美林《おうびりん》大学総長の本音」

里村　そもそも審議会の会長が桜美林《おうびりん》大学の総長です。一神教の大学です。「ほかの宗教は悪魔《あくま》だ」ということを建前《たてまえ》、教養としている宗教をみっちり教えることを建学の精神にしている大学の総長なのです。

安倍晋三守護霊　はあ……（ため息）。

木村　桜美林大学では、カルトと並んで、「新宗教に対しても気をつけるように」という貼《は》り紙がなされているんですよ。

もちろん、幸福の科学は新宗教ですから、われわれはカルトに近い扱《あつか》いをされているということですね。

そして、今回、私が笑いながら冗談《じょうだん》っぽく言ったこと、あるいは、学校法人副理事長の九鬼《くき》が他の霊言について触《ふ》れたことが「不正行為《こうい》である」というかたちで出ていますけれども、一回目の構想審査において、大学設置審議会の会長である桜美林大学の佐藤東洋士《さとうとよし》氏は、われわれに何を言われたか。

まだ、書類審査をする前の段階で、こちらの説明に対し、「そうした内容であれば、独自の学校をつくればいい。別に大学という一条校（学校教育法第一条に定められた学校の総称《そうしょう》）でなくてもいいわけでしょう」とわれわれに対して伝えてきたのです。

安倍晋三守護霊　だから、結局、そのとおりになってるんだよ。そのとおりになった……。

木村　どちらが「不適切な行為」であり、どちらの心的圧力が大きかったのか。われわれは認可を受けるほうであり、彼らは認可するほうですよね？　まだ書類審査で見てもいない段階から、そういった偏見や先入観でもって、結論を言ってくるようなかたをトップに据《す》えている。そして、そのままやらせている。これは大きな「不適切な行為」ではないでしょうか。

そして、幸福の科学教学について何も読まなくて、先入観を持って判断されたら困るので、献本《けんぽん》というかたちで審議委員の方々に書籍《しょせき》が送られたと伺《うかが》っていますが、それに対しても「不当な圧力だ」と言っている。

ただ、考えてもみてください。認可される側と認可する側。どちらのほうがプレッシャーを感じるか。われわれは、最初の構想審査の一回目の面談において、非常に精神的な苦痛と、心的な圧力になる言動を浴びせかけられているんです。

安倍晋三守護霊　まあ、役人の多数と学者の多数は、どっちかというと、基本的にはマルクス主義的な考え方を教わっていることが多くて、考えの基本がそういうふうになってることが多いんで。彼らが「公正中立な判断をしている」と思っていても、実際は左翼《さよく》的な判断をしていることが、現実には多いんだと思うんです。

桜美林大学については、それに加えて、「キリスト教二千年の驕《おご》り」はあるんだろうとは思うんですよ。「二千年も存在する宗教であるから、もはや、あらゆる検証は終わってるんだ」みたいな感じですかねえ。「正邪《せいじゃ》を言われるような謂《いわ》れはないんだ」みたいな。たぶん、そんな考え方もある。

実は内部的にはあるんだろうと思うんですけどね。たぶん派閥《はばつ》によって違いがあって、いろいろと言っているんだとは思うけども、キリスト教でも、プロテスタントとカトリックでは、お互《たが》いに「相手は悪魔だ」と思っているようなところもあるんだと思います。このへんについては、ほんとに難しい判断なので、あまり立ち入るのは、ほんとは好ましくないことかなと思っております。

そういう意味では、〝当たりが悪い〟と言えば悪かったのかもしれません。

私に全体観があるかどうかは分かりませんけれども、全体的には、学者や文化人、宗教人、役人、全部含めてですけども、（幸福の科学が）あまりにも派手派手しくキャンペーンをしておられることに対して、その実力には敬服しつつも、脅威《きょうい》を感じてたっていうことが現実にはあったのではないかと思うんです。桜美林大学の教義だとか、教えだとか、本だとか、そんなものを宣伝する力はありませんので。

そのなかで幸福の科学がバンバン広告を打って、本を出し続けている。現在進行形の宗教ですよね。

そういう意味では、すごく〝怖《こわ》い〟宗教ではあったと思う。だから、客観的な判断を超《こ》えて、感情的な面があったのかなあっていう気はします。

6 「霊言《れいげん》」に対する安倍総理守護霊の見解

「戦後七十周年」の段階で、幸福の科学の応援《おうえん》が欲《ほ》しい

里村　私たちは、いろいろな部分で世間知《せけんち》が足りないなど、そういう批判は甘《あま》んじてお受けしますが、今の総理のお言葉を聞くと、評論家の言葉を聞いているようでございます。

今まで、安倍総理からは、「日本の、出る杭《くい》は叩《たた》かれる型の社会、政治のあり方、行政のあり方などを打ち崩《くず》したい」という非常に強い思いが出ておりました。そのため、文科行政や文科省問題にご関心が強かったと思います。

安倍晋三守護霊　第一次内閣のときも、あれをやった段階で……。「教育基本法改

のねえ。

正」をやったのと、「国民投票法」を通したぐらいが実績で、それで一斉にマスコミのほうからですね、左翼陣営《さよくじんえい》が強くて追い落とされたようなことがありましたのでねえ。

里村　私は立派だと思っていました。戦後、憲法と同じく、まったく改正されていなかった教育基本法を改正されたことは、すごくご立派だと思いました。そうであればこそ、「今の安倍総理はどうなんだ」と。先ほど、酒井からもありましたように、「いったい、どうしたいのか」と。

例えば、来年は戦後七十周年です。今、日本を大きく縛《しば》っているものに、「河野《こうの》談話」や「村山《むらやま》談話」があります。これらが、非常に日本の大きな障害になっていると総理もおっしゃっていました。

安倍晋三守護霊　ええ、それは……。

里村　新しい談話を発表されますか。

安倍晋三守護霊　あなたがたは、そういうふうに「出すべきだ」と言っていますが、政治力学や、いろんな圧力が……。私は〝潜水艦《せんすいかん》〟みたいなもので、周りから〝水圧〟がいっぱいかかってるの。上からも、下からも、横からも、かかっている状況《じょうきょう》です。マスコミ、学界、左翼学者ですね。それから野党、与党《よとう》のなかでも異論がある与党、外国、いろんな圧力がかかっているなかで、自分がしたいことも十分できない状況であるんですよね。

だから、「来年の七十周年を記念して、何とか節目《ふしめ》をつくる」という段階になると、やっぱり、あなたがたの応援《おうえん》も欲《ほ》しいことは欲しいんですよ。

里村　欲しい？

安倍晋三守護霊　欲しいんです。

「幸福の科学大学の不認可」に対して意図的に賛同したのか

木村　そう言いながらも、「今回、幸福の科学大学を不認可にした」ということは、「これ以上、幸福の科学と付き合っていると、プラスよりもマイナスのほうが大きい」というマクロ的な判断をされたのではないですか。

安倍晋三守護霊　うーん。

木村　先ほどおっしゃられていた、下村文科大臣とのやり取りの「わずか一分や二分」というのは、あまりに〝軽率な〟言い方です。私たちは、年初よりずっと「幸福の科学大学をつくる」という運動をしていましたし、新聞の全面広告で、「大学をつくる」ということもPRさせていただいておりましたから、「私は知らなかった。一分、二分で言われて、何も言えなかった」というレベルの話ではないのです。

それは、あまりに虫がよすぎるし、官僚《かんりょう》的な役人答弁に近いようなかたちで上手に保身をされていますが、中国寄りの姿勢から見ても、あるいは、公明党への配慮《はいりょ》から考えても、「幸福の科学大学の不認可」ということに対して、意図的に賛同したというのは事実ですよね？

安倍晋三守護霊　いや、そんなことはないです。

酒井　いや、比較衡量《ひかくこうりょう》した。

安倍晋三守護霊　意図的に賛同したことはないです。

酒井　ただ、比較衡量はしましたよね？

安倍晋三守護霊　それはない、それはない。意図的に賛同したことはない。

酒井　比較衡量はしましたよね？

安倍晋三守護霊　ないですよ。

酒井　「何か」と比較しましたよね？

安倍晋三守護霊　ほんとに恐縮《きょうしゅく》なんですけれども、私は頭が少し悪いので。あとから思いついて修正する癖《くせ》があるので、聞いた段階で分からなくて……。

木村　では、今から文科大臣に対して、「行政上の瑕疵《かし》があったようだから修正する。もう一度、見直して保留にしたらどうだ」ということを命ずることは可能ですか。

安倍晋三守護霊　だから、一週間、外遊中の予定なので。これからまた各国を訪問していきますので、もうほんとに実務をグリップできないでいる状態ではあるんですよねえ。

里村　最近、「総理が外遊中にいろいろと国内政治が動く」というパターンになっていますけど（笑）。ただ、外遊先から、官房長官《かんぼうちょうかん》のほうに一言《ひとこと》言えば、優秀《ゆうしゅう》な官房長官ですから、タタッと動いてくれます。

まわりくどい話ではなく、「霊言《れいげん》」について訊《き》いてほしい

安倍晋三守護霊　いや、あなたがたは、そういう、まわりくどい政治的な話をなされないで、「判断の基準になったことについて、どう思うか」を私に訊《き》くべきなんじゃないですか。

私のほうから、こういうふうな言い方をするのは失礼に当たるかと思いますけど。政治的な状況や中国だの、いろんなことを絡《から》めて、「私の考えが変わったんじゃないか」ということを責めておられるけど、そうじゃなくて、文科省側が判断を下《くだ》したことに対して、私がそれについてどう思っているのか、一個一個、定義のところを訊かれたほうがよろしいんじゃないですか。

木村　分かりました。あまりに細《こま》かい手続き上のことですから、一国の首相に訊くには申し訳ないレベルだと感じましたけれども。

安倍晋三守護霊　いや、そちらのほうが大事なんじゃないですか。

木村　審査《しんさ》手続きの問題があるところでは、大学設置分科会審査運営内規というものがあるんですよ。これは法令で決まっている内容です。われわれに対して、一回目、二回目と意見があって、今回、最終判断があったわけですが、「一回目で付けた意見以外のこと、あるいは、一回目で付けた意見よりも大きなこと、次元が上回ることを二回目や最後に付けてはいけない」というものがあるのです。

安倍晋三守護霊　ああ、それはあなた、細かすぎるわ、ちょっと意見が（苦笑）。

木村　細かすぎますよね？

安倍晋三守護霊　さすがに細かすぎる。うーん、それは厳しい。私にとっては厳しい。

木村　しかし、この部分も審査意見として手続き上の問題点です。あまりに細かすぎるので、私も言うことをためらいましたが。

安倍晋三守護霊　そういうふうなことを、私は訊いてほしかったんじゃないんです。「総理は霊言《れいげん》というのは現実にあると思いますか。あるいは、それには学問性があると思いますか」とか、「科学的に見て、それは学問でないと思われますか」とか、そういうふうなことをキチッと訊いてほしかったんです。

「霊言《れいげん》を百パーセント信じています」と断言

里村　分かりました。今日は冒頭《ぼうとう》のほうで一度、「総理は霊言《れいげん》をどのように受け取られているのですか」と訊いたつもりだったのですが、それではもう一度、改めてお伺《うかが》いします。

安倍晋三守護霊　向こうが定義で、「ノー」を言ってきた部分について、訊いていただきたかったんです。

木村　では、総理は霊言を信じておられますか。

安倍晋三守護霊　信じてます。

里村　信じてます？

安倍晋三守護霊　はい。信じています。百パーセントです。

木村　百パーセントですか。

安倍晋三守護霊　はい。百パーセントです。

霊言《れいげん》から「新しい学問」が発生する可能性があると考えている

木村　「霊言《れいげん》に学問性がない」と文科省は言ってきたのですが、「学問性がない」と捉《とら》えられていますか。

安倍晋三守護霊　まあ、学者によっては意見が割れるとは思いますが、私自身は、これだけ累積《るいせき》されている以上、三百冊以上、霊言が累積されている以上、研究に十分値《あたい》する内容を持っていると思うし、それ以外についての理論的な考察もいっぱいなされているのでね。

また、霊言も前半に総裁の解説が入ってから、霊言が入ってるかたちで、今は昔のとは違《ちが》うかたちになっておりますので、前半の総裁の解説と、「現代におれば、その人はどう言うか」というふうなことを参考にして、その研究に入るならば、十分に学問的な可能性はある。もっともっと深みがある。「過去の言行録や著書とかはどうであったか」ということを参考にしつつ、昔、書いたものと言ったことを照らし合わせながら研究すれば、「新しい学問」が発生する可能性は十分にあると考えています。

「文科大臣をクビにするかどうかの判断で困っている」

木村　では、最後の質問ですが、「霊言のなかに、科学的合理性、科学的根拠《こんきょ》が乏《とぼ》しい」ということが、今回の不認可の理由に入っていて、私たちはそれを不当なものだと考えています。その点はいかがですか。

●不認可の理由の不当性　科学的合理性や科学的根拠を求めたら宗教系の大学は成り立たなくなる。キリスト教系の大学で、イエスの復活や処女懐胎を科学的に説明することは難しいし、天理大学でも、天理教開祖・中山みきの「おふでさき」は霊言である。今回、文科省は宗教系大学への理解が極めて浅いことを露呈した。

安倍晋三守護霊　まあ、これは、「宗教全体に関して、宗教系の大学に対して言えるのかどうか」っていう問題は含《ふく》んでますので、これを幸福の科学だけに突《つ》きつけるのは、ちょっと〝不適当な部分〟があると思います。

ただ、それが「不適当でない」とした場合でも、宗教として見た場合には、「科学性は極《きわ》めて高い」というふうに考えています。

里村　そうしますと、今、木村が挙げた理由を、文科省は不認可の大きな理由としましたけれども、これについては、まず、私どもが……。

安倍晋三守護霊　だから、あなたがたが言っていることは正当であることは認めてるんです。悪いほうにだけ取らないでください。正当であることは認めているんです。

要するに、私が困っているのは、「これが文科大臣をクビにする理由に当たるかどうか」の判断で困ってるんですから。

里村　しかし、まず、「学問の自由」「信教の自由」に対する侵害《しんがい》という、明らかに憲法に反することをしているということがありますけれども、これは理由にはなりませんか。

安倍晋三守護霊　いや、「これを誰《だれ》が権威《けんい》を持って判断できるか」のところがね。

里村　うーん。

文科大臣が幸福の科学の一職員に直接電話をかけて出版妨害《ぼうがい》を図《はか》った？

酒井　あとは、霊言に対する言論弾圧《だんあつ》です。

里村　はい。それに関して、もう一点言いますと、これからいろいろと明らかになってきますけれども、下村文科大臣は、ご自身の最初の守護霊霊言が発刊される前に、大学とはまったく関係のない幸福の科学グループの一職員に対し、「そういう本を出すな。何なら取引もできるんだ」というようなことを言って、出版妨害、言論妨害をしてきました。

安倍晋三守護霊　うーん。

里村　これは十分に憲法違反《いはん》ですし、あってはならないことです。大臣が少しだけ面識のある一私人《しじん》に電話をかけ、〝脅してきた〟わけです。これについてはいかがですか。

安倍晋三守護霊　それ、〝逆利用〟されたんじゃないですか？　判定文では、むしろ、そちら（幸福の科学）のほうに〝脅し〟をかけられたようになっていたじゃないですか。そうでしょ？

里村　はい。

安倍晋三守護霊　だから、そこのところは、それを覆《くつがえ》す努力をしないといけないんじゃないですか？

里村　ですから、こちらがしたことは脅しではありません。およそ、公人《こうじん》に対するいろいろな論評なり出版に関しては、「言論の自由」「表現の自由」として認められているんですよ。つまり、それは何ら、法律に反することでも、公序良俗《こうじょりょうぞく》に反することでもありません。

先ほどから総理の守護霊様がおっしゃっていたように、要するに、「プライドを傷つけた」ということなんです。

安倍晋三守護霊　まあ、もっと単純に言えば、下村さんの霊言が出たとき、「総理大臣になるのを希望している」と書いてくれれば、それで通ったっていうだけのことなんでしょう？　きっと。おそらくね（笑）。

里村　ただ、大臣が直接電話をかけてきたんですよ。

安倍晋三守護霊　ですから、あなたがたから見ればね、「文部科学大臣は、宗教を利用しようとする気持ちのほうが強く、本当の意味で、純粋《じゅんすい》に宗教を信じているほかの人たちの信仰行為《しんこうこうい》を傷つけた」と、まあ、こういうことを言っているんじゃないでしょうか。「感情を傷つけた」ということでしょう？

里村　はい。何度も言いますが、そのように、下村大臣が一部の民間人に直接電話をかけてきて、「出版を取りやめろ」と言う。これはもう、憲法違反だけではなく、政治的スキャンダルとしても、大きな問題になりうる行為だと思いませんか。

安倍晋三守護霊　本人はたぶん、それは否定するだろうと思うんですよね。

里村　はい。そう思います。

安倍晋三守護霊　だから、そこで〝迷宮入り《めいきゅうい》〟するんですよ。必ずね。だけど、まあ、文科大臣は、「（幸福の科学大学側に）不正行為、不当行為があったのと、非科学的なるものを根拠にして学問としようとしているのは不適切であるので、不認可とした」と。まあ、公式には、そういうふうに言って開き直っていらっしゃるわけです。

それで、大臣よりも上の立場にある総理大臣の私（守護霊）のほうは、「すみませんでした」と謝《あやま》っている状況なんですよ。

だから、それは、個人の持っているメンタリティーの差としか言いようがないところがありますよね。

里村　ということで、それでは、総理があえて罷免《ひめん》する理由にはならないと？

安倍晋三守護霊　だから、「凡人《ぼんじん》である」ということが、大臣を罷免する理由になるかどうかということを、理屈《りくつ》付けてください。

木村　「言論・出版に対する弾圧に当たる」と、われわれは見ているわけですけれども。

安倍晋三守護霊　弾圧の場合は、証拠のところを立件できなきゃいけないからね。

里村　分かりました。

7　安倍総理守護霊の最終結論

「何とかしますから」と繰《く》り返す安倍総理守護霊

里村　それではもう一点、木村が先ほどから言っているように、五十数回にもわたる交渉《こうしょう》のなかで、霊言《れいげん》についての指摘《してき》は出てこなかったわけです。したがって、弁明の機会がないまま、突然《とつぜん》、最後にそのような決定がなされたということは、「行政行為《こうい》上の明らかな瑕疵《かし》」と考えます。

安倍晋三守護霊　うーん。

里村　問題がある場合には、もう一度検討されるはずなのですが。

安倍晋三守護霊　（舌打ち）ああ、分かりました。もう分かりました、分かりました。何とかします。だから、何とかしますから。

里村　はい。

安倍晋三守護霊　あの、ちょっと、今、外遊……、習近平《しゅうきんぺい》とやって、くたびれてるから、そんなに頭が回らないので……。

里村　そうでございますね。お疲《つか》れ中に、細《こま》かいところまで。

安倍晋三守護霊　まだこれから、ほかに何カ国か、また行ってやらなきゃいけないし、今、ちょっと、「沖縄《おきなわ》」の次もやらなきゃいけないので、なかなかあなたがたの思うようにスッといかないかもしれませんが……。

国難を乗り切っていくには「幸福の科学の協力」がないと厳しい

安倍晋三守護霊　安倍内閣が次の選挙……、まあ、選挙になるかどうか、今、ちょっと微妙《びみょう》なところなんですけど、出たらもう負けるっていうか、票……、議席が減るのは間違《まちが》いないですけども。まあ、過半数は維持《いじ》できるとは思っていますけれども……。うーん。安倍内閣が続く場合には、ここは是正《ぜせい》させるようにやりたいと思います。

里村　はい。

安倍晋三守護霊　ただ、選挙前に、この大臣を罷免《ひめん》することが、選挙対策上、可能かどうかは、ちょっと……。

里村　いや、選挙はまだしばらくあとですよね。

木村　いや、来年開学するには、やはり年内にここを是正していただかないと、間に合いませんので、われわれとしては、正当な願いとして、年内にやっていただきたい。そうであれば来年四月の開学に間に合います。

安倍晋三守護霊　うーん。

木村　年を越《こ》えると、もう間に合わなくなりますから、そこはお約束いただきたい。下村《しもむら》大臣の守護霊も、何度も何度も来て、口のいい、甘《あま》ったるい甘言《かんげん》を言ってきましたよ。「何とかするから」というような言動を。

安倍晋三守護霊　うーん。

木村　しかし、守護霊レベルでしたから、われわれにとっては、「政治家の守護霊というのは、こういうものか」と思いました。通常の守護霊であれば本音を語るわけですけれども、政治家の場合は、「守護霊も二枚舌を使って、ここまでわれわれを翻弄《ほんろう》するのか」と。

ですから、われわれは政治家の守護霊に対し、ある意味で「深い不信感」のようなものを持っているんですよ。そこを何か担保《たんぽ》いただけるようなものはありますか。

安倍晋三守護霊　うーん……。まあ、「集団的自衛権」の閣議決定を通すときには、もう反対の山だったときにお願いして、応援《おうえん》を頂いて、それで押《お》し切ることができたのは、大川隆法総裁のお力によるものが大であったということは、私は認めております し（注。「集団的自衛権」をめぐって国論が紛糾するなか、『日蓮聖人《にちれんしょうにん》「戦争と平和」を語る』〔幸福の科学出版刊〕『「集団的自衛権」はなぜ必要なのか』〔幸福実現党刊〕を緊急発刊した）、まあ、「アベノミクス」も、多大なご支持を受けて始まったものだというふうには理解しております。

昨年、「（特定）秘密保護法案」を通すときにも、もう政府のほうで諦《あきら》めかかっていた段階で助け船を出してくださったので通過できたとか、そういう危ないときに、いつも助けてくださっていたことは、私のほうとしては自覚しておりますので（注。「特定秘密保護法」に対する反対論が野党や左翼マスコミ・知識人から上がるなか、『「特定秘密保護法」をどう考えるべきか』〔幸福の科学出版刊〕を発刊した）。

まあ、文科大臣はそれを自覚していないかもしれないけど、私のほうは自覚しております。

そういう意味で、「これからも、幸福の科学とは何らかの協力関係をつないでおかないと、やはり、国難の時期を乗り切っていくのは大変だな」というふうに思っております。

「学校は開く方向で進めてくださって結構です」

安倍晋三守護霊　ただ、今、いろんな問題が山積《さんせき》している私から見れば、「大学の許認可」というのは、本当に大臣レベルで解決してもらわないと困るような案件で、まあ、仕事を増やしてくることに対しては、非常に不快感を感じているんですけども、うーん……。

技術的に、テクニカルに、誰《だれ》が見ても法律に違反《いはん》しているようなことで不認可になったというなら、まあ、しかたがないとは思うんですけども、そちらのほうをクリアしておりながら、そうした宗教への偏見《へんけん》だけで不認可になったということであれば、それは是正させなければならないというふうに思っています。

木村　われわれもそう思います。

安倍晋三守護霊　そもそも、「大学の要件を全然満たしていない」というなら、それは、いくら宗教であろうと、しかたがないんですが。

例えば、一月には建設が終わるはずだったのに、「建設は来年いっぱいかかります」とかいったら、これは開学にならないのは当然ですし、教員を集める予定だったんだけど、「実は、まだ集まっていません」とかいうんだったら、これが認められないのはしかたがないことです。

また、何か重大な嘘《うそ》をついてごまかしていたりして、例えば、「未来産業をつくる」と言いながら、「実は、アルカイダに革命軍団を送り込《こ》むための兵器工場をつくるつもりだった」とか、こんなのが公安に見つかって発覚したという事実でもあったんなら、それは、不認可になるのはしかたがないとは思いますけども。

里村　はい。

安倍晋三守護霊　そういう事情をなくして、まあ、単なる宗教的信条のみで判断して「不認可」というんであれば、どうなんでしょうか。私のほうは、「宗教的信条という意味では、幸福の科学は十分に合憲だし、宗教的にも正当性がある」と考えております。それに関しては、私自身は自信を持っていますので。その判断に関しては自信を持っています。

今、国内にいないので、これについては、すぐにどうとはできないかもしれないけども、まあ、学校は開く方向で進めてくださって結構ですよ。何とかしますから。

里村　ぜひ、そのお考えを、地上のほうに影響《えいきょう》あらしめてください。

安倍晋三守護霊　そりゃあ、やっぱり不当だと思いますよ。マスコミや野党も、たぶん攻撃《こうげき》側に回ってくると思いますから、それを理由にして（文科大臣を）説得することはできると思いますけど。

下村《しもむら》大臣が宗教を利用するだけのつもりなら「政治家として不見識」

安倍晋三守護霊　うーん、まあ、公人ですから、批判されるのはしかたがないことですのでね。それは、週刊誌であろうと、新聞であろうと、テレビであろうと、批判されることはあるし、外れていることもあります。我慢《がまん》できないときには怒《おこ》ることもありましょうけれども、それは、ある程度当然のことです。「支援者であるなら一切《いっさい》批判してはいけない」というわけではなくて、支援者だからこそ批判することだってあるわけで、「こんなことをしちゃいけない」とか言うことはあってもいいわけですよ。

だから、宗教を〝つまみ食い〟して「利用するだけ」ということであれば、それは政治家としては不見識すぎます。やっぱり、そういうことであっては、宗教の信者がついてこないのは当たり前のことですのでね。

まあ、そんなんでも喜ぶ宗教もあるのかもしれないけども、幸福の科学さんは、そういう宗教ではないということですよね。そういうふうに、私のほうは理解しています。

私は、下村《しもむら》大臣のところも、「幸福の科学との重要なパイプ役の一つだ」と思っていたから、安心して任せていたんで、それがパイプ役じゃなくて、〝火種《ひだね》〟や〝導火線〟になるっていうんだったら、考え方をちょっと変えなければいけないし、今、ほかのところに持っていって使えるかどうかといったら、かなり疑問のある方ではあるので、まあ、それは、彼の政治生命にかかる判断にはなると思います。

自民党ＯＢからも「何とかしてやれよ」という声が出始めている

安倍晋三守護霊　ただ、うーん……。付け加えて言いまして、まあ、私が続投できれば、なるべくその考えのほうでいきたいと思いますが、もし私が政変で倒《たお》れるようなことになって、あと、臨時でつなぐとしたら、谷垣《たにがき》幹事長か、あるいは、前回（党総裁選の一回目の投票で）一位になって、今、地方創生大臣をやっている……。

里村　石破《いしば》さん。

安倍晋三守護霊　うーん、あたりが、いちおう可能性としては高いとは思いますけども。谷垣氏も、幸福の科学に対してはアンチではないように感じておりますので、何とかそのへんは柔軟《じゅうなん》に対応してくれるんではないかなあと思います。

それと、自民党ＯＢのほうにも、けっこう（幸福の科学の）シンパは多いので、まあ、「大御所《おおごしょ》」っていうのはそのへんを言うのかもしれないですけども、そのあたりのほうでは、「何とかしてやれよ」という声が出始めているというふうには聞いております。から。

まあ、だから、今は言論で「事実関係」を明らかにして、「行政行為の是正を求める」という態度でよろしいんじゃないかと思います。

私のほうは、ちょっとタイミングがどうかは分かりませんが、いったん下村君に対して、「考え方を直せないか」ということは、いちおう交渉するようにはして、そのあとは、「首を切られても、考え方を変えないのかどうか」ということを詰《つ》め寄るしかないとは思っていますけども。

まあ、私もだんだん周りが撃《う》ち落とされていっているので、心細《こころぼそ》いかぎりではあるんですけども、うーん、そうなんですよね。だから、大臣の〝首を切る〟前に、「事件性」がないと、なかなか〝切れない〟ですよねえ（笑）。考えとか思想・信条だけでは、これもまた、そう簡単に〝切れない〟ところがあるんですよ。何か「事件性」がないと、そう簡単には〝切れない〟ところがあるので、ちょっと難しいんですけどね。うん。

里村　今回は、下村大臣の行動にも問題がありましたから、単なる思想・信条だけではございません。

安倍晋三守護霊　まあ、行き違いもあったんだろうとは思いますけども、うーん。私のほうとしては、「最終目的までは、できるだけ、幸福の科学さんとは何とかもうちょっと関係を続けたい」というふうには思っておるんですけれども、「下村大臣との間には決定的な行き違いがある」ということはよく分かりましたので、うーん、まあ、何とか努力してみたいとは思います。

里村　ぜひ、速《すみ》やかなご努力をお願いしたいと思います。

安倍晋三守護霊　はい。

里村　どうか、大局をご覧になって、ご判断いただきたいと思います。本日は、お疲れのところをありがとうございました。

「私は下村《しもむら》さんとは違《ちが》う」と弁明する安倍総理守護霊

安倍晋三守護霊　うーん、まことに見苦しい弁明で申し訳ございませんけども、結論として、「私は下村《しもむら》さんとは違《ちが》う」ということだけは言っておきたいと思います。

里村　はい。

木村　そのお言葉が本当かどうかは十二月末までに分かるであろうと、われわれは考えています。

今、「安倍首相は、〝使いもの〟にならなかったら、今まで役に立っていた方々でも簡単に切る」という噂《うわさ》が、政界、あるいは世間《せけん》に流れていますので、その真偽《しんぎ》を十二月末までに判断させていただこうと考えております。

生意気《なまいき》な言い方かもしれませんが、よろしくお願いいたします。

安倍晋三守護霊　うーん。

酒井　それでは、以上とさせていただきます。

安倍晋三守護霊　うーん、ちょっとねえ、省庁が二十近くあるからね。だから、もう言い訳になるけど、一日一省をやっていても、だいたい、月一回ちょっとしかできないんでね。そんなに簡単でなかったので、申し訳ないとは思うけど。

いや、靖国《やすくに》だって、本当に私は参拝《さんぱい》したかったの。あなたがたが押してくれなきゃ、絶対無理ですよ。はっきり言えばね。それこそ、「安倍、八月十五日に行ってなかったら、もう死刑《しけい》だ」ぐらい、言ってもらいたいですよ、本当はね。ハハハハハ。そのくらい極端《きょくたん》な意見を言ってくれるところがあったほうが、本当はありがたいんですけどね。

幸福の科学の勢力が退《ひ》いていくことは、私にとっては、ちょっとつらいですねえ。第一次内閣のときの再現になりそうな気がいたしておりますので、もうちょっとだけ、お見捨てなく見てくだされば。

酒井　判断するのに、それほど時間はございません。

安倍晋三守護霊　そうなんですか。あの、大学のほうは進めてください。結構です。何とか、大臣を替《か》えればいけますから、あの……。

里村　分かりました。

安倍晋三守護霊　何とか、あの、フォローしますから。

里村　はい。本日はありがとうございました。

8　安倍総理守護霊の弁明を聞き終えて

大川隆法　（手を一回叩《たた》く）ありがとうございました。
まあ、守護霊が嘘《うそ》つきか本当かを見させていただきましょう。

酒井・里村　（笑）

大川隆法　嘘か本当か、見させていただきましょうね。

酒井　はい（笑）。

大川隆法　ここまで、はっきり言っていますので、嘘か本当かは、活字にすれば、あとに証拠《しょうこ》が残りますのでね。政界には、霊言《れいげん》を信じている人もだいぶいますし。まあ、でも、（安倍総理守護霊は）繰《く》り返しこちらに来ています。前の不認可のときにも謝罪に来たので、そういう意味では早かったですからね。「何とかしなければいけない」とは思っているのかもしれません。

里村　はい。安倍さんは今、厳しい情勢になっています。

大川隆法　いろいろと問題をたくさん抱《かか》えているので、〝火の手〟はあっちもこっちも上がっていて、どの順番に〝火を消すか〟の問題でしょうね。

里村　はい。

大川隆法　今、側近《そっきん》がだんだん減ってきつつあるのでしょう。まあ、分かりますね。この次、〝駄目押《だめお》し〟が出るとしたら、最近亡《な》くなった岡崎久彦《おかざきひさひこ》さんの霊言でしょうね（注。二〇一四年十月二十六日に亡くなられた、元駐タイ大使で外交評論家の岡崎久彦氏は、安倍総理の外交政策のブレーンを務めていた）。アハハハハ（笑）。

それではまた。

里村・酒井　ありがとうございました。

あとがき

安倍政権は危険水準に近づきつつある。

民間人を足蹴《あしげ》にし、神仏に対しても障子《しょうじ》紙のような薄い信仰しか持っていないならば、未来は厳しいだろう。

文科省が補助金行政でつり、私学を許認可行政で縛っている現状が、アベノミクスが成功しない理由と通底《つうてい》していることにはやく気づくべきだ。

「大きな政府」が「民間」を「抑圧」したり、「統制」するためにその力を発揮すれば、「経済のゼロ成長」が続くだけだ。役人の「前例主義」を排し、省庁をスリム化し、民間の自由の活力とやる気を鼓舞《こぶ》することだ。

少なくとも、「幸福の科学大学不認可」の行政行為を放置しておくならば、安倍内閣は重要な軍師を一人失うことだけは確実である。日本が三流国に転落することは、なんとしても避けるべきだと思う。

二〇一四年　十一月十一日

幸福《こうふく》の科学《かがく》グループ創始者兼総裁《そうししゃけんそうさい》　大川隆法《おおかわりゅうほう》

『安倍総理守護霊の弁明』大川隆法著作関連書籍

『大学設置審議会インサイド・レポート』（幸福の科学出版刊）
『幸福の科学大学創立者の精神を学ぶⅠ（概論）』（同右）
『幸福の科学大学創立者の精神を学ぶⅡ（概論）』（同右）
『文部科学大臣・下村博文守護霊インタビュー』（同右）
『文部科学大臣・下村博文守護霊インタビュー②』（同右）
『現代ジャーナリズム論批判』（同右）
『矢内原忠雄「信仰・言論弾圧・大学教育」を語る』（同右）
『スピリチュアル・エキスパートによる
　文部科学大臣の「大学設置審査」検証（上）』（同右）
『スピリチュアル・エキスパートによる
　文部科学大臣の「大学設置審査」検証（下）』（同右）

『日蓮聖人「戦争と平和」を語る』（同右）
『「特定秘密保護法」をどう考えるべきか』（同右）
『「集団的自衛権」はなぜ必要なのか』（幸福実現党刊）
※左記は書店では取り扱っておりません。最寄りの精舎・支部・拠点までお問い合わせください。
『大川隆法霊言全集 第11巻 坂本龍馬の霊言／吉田松陰の霊言／勝海舟の霊言』
（宗教法人幸福の科学刊）

安倍総理守護霊《あべそうりしゅごれい》の弁明《べんめい》

2014年11月12日　初版第1刷

著　者　　大《おお》 川《かわ》 隆《りゅう》 法《ほう》

発行所　　幸福の科学出版株式会社
〒107-0052 東京都港区赤坂2丁目10番14号
TEL(03)5573-7700
http://www.irhpress.co.jp/

印刷・製本　株式会社 東京研文社

落丁・乱丁本はおとりかえいたします

ISBN978-4-86395-602-5 C0030
写真：時事

公開霊言シリーズ・文科行政のあり方を問う

スピリチュアル・エキスパートによる 文部科学大臣の「大学設置審査」検証（上）

里村英一・綾織次郎　編

６人の「スピリチュアル・エキスパート」を通じ、下村文科大臣の守護霊霊言を客観的に分析した“検証実験”の前編。大学設置審査の真相に迫る！

1,400円

スピリチュアル・エキスパートによる 文部科学大臣の「大学設置審査」検証（下）

里村英一・綾織次郎　編

下村文科大臣の守護霊霊言に対する“検証実験”の後編。「学問・信教・言論の自由」を侵害する答申が決定された、驚きの内幕が明らかに！

1,400円

大学設置審議会インサイド・レポート

大学設置分科会会長 スピリチュアル・インタビュー

数多くの宗教系大学が存在するなか、なぜ、幸福の科学大学は「不認可」だったのか。政治権力を背景とした許認可行政の「闇」に迫る！

1,400円

幸福の科学グループのご案内

宗教、教育、政治、出版などの活動を通じて、地球的ユートピアの実現を目指しています。

宗教法人　幸福の科学

一九八六年に立宗。一九九一年に宗教法人格を取得。信仰の対象は、地球系霊団の最高大霊、主エル・カンターレ。世界百カ国以上の国々に信者を持ち、全人類救済という尊い使命のもと、信者は、「愛」と「悟り」と「ユートピア建設」の教えの実践、伝道に励んでいます。

（二〇一四年十一月現在）

愛

幸福の科学の「愛」とは、与える愛です。これは、仏教の慈悲《じひ》や布施《ふせ》の精神と同じことです。信者は、仏法真理をお伝えすることを通して、多くの方に幸福な人生を送っていただくための活動に励んでいます。

悟り

「悟り」とは、自らが仏の子であることを知るということです。教学《きょうがく》や精神統一によって心を磨き、智慧《ちえ》を得て悩みを解決すると共に、天使・菩薩《ぼさつ》の境地を目指し、より多くの人を救える力を身につけていきます。

ユートピア建設

私たち人間は、地上に理想世界を建設するという尊い使命を持って生まれてきています。社会の悪を押しとどめ、善を推し進めるために、信者はさまざまな活動に積極的に参加しています。

国内外の世界で貧困や災害、心の病で苦しんでいる人々に対しては、現地メンバーや支援団体と連携して、物心両面にわたり、あらゆる手段で手を差し伸べています。

年間約３万人の自殺者を減らすため、全国各地で街頭キャンペーンを展開しています。

公式サイト **www.withyou-hs.net**

ヘレン・ケラーを理想として活動する、ハンディキャップを持つ方とボランティアの会です。視聴覚障害者、肢体不自由な方々に仏法真理を学んでいただくための、さまざまなサポートをしています。

公式サイト **www.helen-hs.net**

INFORMATION

お近くの精舎・支部・拠点など、お問い合わせは、こちらまで！

幸福の科学サービスセンター

TEL. 03-5793-1727（受付時間 火〜金：10〜20時／土・日：10〜18時）

宗教法人 幸福の科学 公式サイト happy-science.jp

教育

学校法人 幸福の科学学園

学校法人 幸福の科学学園は、幸福の科学の教育理念のもとにつくられた教育機関です。人間にとって最も大切な宗教教育の導入を通じて精神性を高めながら、ユートピア建設に貢献する人材輩出を目指しています。

幸福の科学学園

中学校・高等学校（那須本校）
2010年4月開校・栃木県那須郡（男女共学・全寮制）
TEL **0287-75-7777**
公式サイト **happy-science.ac.jp**

関西中学校・高等学校（関西校）
2013年4月開校・滋賀県大津市（男女共学・寮及び通学）
TEL **077-573-7774**
公式サイト **kansai.happy-science.ac.jp**

幸福の科学大学
TEL **03-6277-7248**（幸福の科学 大学準備室）
公式サイト **university.happy-science.jp**

仏法真理塾「サクセスNo.1」 TEL **03-5750-0747**（東京本校）

小・中・高校生が、信仰教育を基礎にしながら、「勉強も『心の修行』」と考えて学んでいます。

不登校児支援スクール「ネバー・マインド」 TEL **03-5750-1741**
心の面からのアプローチを重視して、不登校の子供たちを支援しています。
また、障害児支援の**「ユー・アー・エンゼル!」**運動も行っています。

エンゼルプランV TEL **03-5750-0757**
幼少時からの心の教育を大切にして、信仰をベースにした幼児教育を行っています。

シニア・プラン21 TEL **03-6384-0778**
希望に満ちた生涯現役人生のために、年齢を問わず、多くの方が学んでいます。

NPO 活動支援

学校からのいじめ追放を目指し、さまざまな社会提言をしています。また、各地でのシンポジウムや学校への啓発ポスター掲示等に取り組む一般財団法人「いじめから子供を守ろうネットワーク」を支援しています。

公式サイト **mamoro.org**
相談窓口 **TEL.03-5719-2170**
ブログ **blog.mamoro.org**

政治

幸福実現党

内《ない》憂《ゆう》外《がい》患《かん》の国難に立ち向かうべく、二〇〇九年五月に幸福実現党を立党しました。創立者である大川隆法党総裁の精神的指導のもと、宗教だけでは解決できない問題に取り組み、幸福を具体化するための力になっています。

党員の機関紙
「幸福実現NEWS」

TEL 03-6441-0754
公式サイト hr-party.jp

出版メディア事業

幸福の科学出版

大川隆法総裁の仏法真理の書を中心に、ビジネス、自己啓発、小説など、さまざまなジャンルの書籍・雑誌を出版しています。他にも、映画事業、文学・学術発展のための振興事業、テレビ・ラジオ番組の提供など、幸福の科学文化を広げる事業を行っています。

アー・ユー・ハッピー？
are-you-happy.com

ザ・リバティ
the-liberty.com

幸福の科学出版
TEL 03-5573-7700
公式サイト irhpress.co.jp

THE FACT

ザ・ファクト
マスコミが報道しない「事実」を世界に伝えるネット・オピニオン番組

Youtubeにて
随時好評配信中！

ザ・ファクト 検索

入会のご案内

あなたも、幸福の科学に集い、ほんとうの幸福を見つけてみませんか？

幸福の科学では、大川隆法総裁が説く仏法真理をもとに、
「どうすれば幸福になれるのか、また、
他の人を幸福にできるのか」を学び、実践しています。

入会

大川隆法総裁の教えを信じ、学ぼうとする方なら、どなたでも入会できます。入会された方には、『入会版「正心法語」』が授与されます。（入会の奉納は1,000円目安です）

ネットでも**入会**できます。詳しくは、下記URLへ。
happy-science.jp/joinus

三帰《さんき》誓願《せいがん》

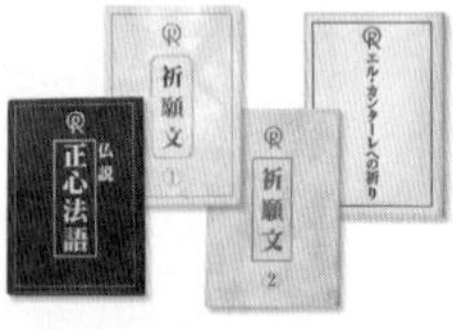

仏弟子としてさらに信仰を深めたい方は、仏・法・僧の三宝への帰依を誓う「三帰誓願式」を受けることができます。三帰誓願者には、『仏説・正心法語』『祈願文①』『祈願文②』『エル・カンターレへの祈り』が授与されます。

植福《しょくふく》の会

植福は、ユートピア建設のために、自分の富を差し出す尊い布施の行為です。布施の機会として、毎月1口1,000円からお申込みいただける、「植福の会」がございます。

「植福の会」に参加された方のうちご希望の方には、幸福の科学の小冊子（毎月1回）をお送りいたします。詳しくは、下記の電話番号までお問い合わせください。

月刊
「幸福の科学」

ザ・伝道

ヤング・ブッダ

ヘルメス・
エンゼルズ

INFORMATION
幸福の科学サービスセンター
TEL. **03-5793-1727** （受付時間 火～金：10～20時／土・日：10～18時）
宗教法人 幸福の科学 公式サイト **happy-science.jp**